Frank Littek
Handbuch für Passagiere

Frank Littek

Handbuch für
Passagiere

Einbandgestaltung: Dos Luis Santos unter Verwendung von Vorlagen aus dem Archiv
des Verfassers.

Das Bild auf der Titelseite zeigt: Passagiere beim Einsteigen in einen Airbus A319 auf
dem Vorfeld des Frankfurter Flughafens. (Lufthansa)

ISBN 978-3-613-02845-6

1. Auflage 2008
Copyright© by Motorbuch Verlag, Postfach 103743, 70032 Stuttgart.
Ein Unternehmen der Paul Pietsch-Verlage GmbH & Co.

Sie finden uns im Internet unter: www.motorbuch-verlag.de

Innengestaltung: Jürgen Knopf, 74321 Bietigheim
Druck und Bindung: KoKo Produktionsservice s.r.o. 709 00 Ostrava
Printed in Czech Republic

Inhaltsverzeichnis

Flugzeug und Technik

Grundlagen: Warum ein Flugzeug fliegt

Wenn ein großes Verkehrsflugzeug wie die Boeing 747-400 von der Startbahn eines Verkehrsflughafens abhebt, ist dieser Moment selbst für Luftfahrtfachleute immer wieder faszinierend. Es erstaunt immer wieder, wie leicht und mühelos sich hier rund 400 Tonnen – so viel wiegt ein solcher vollgetankter Jumbo – von einem Moment zum anderen in die Luft erheben.

Eine Boeing 747-400 von Virgin Atlantic hebt ab. (Boeing)

Der Airbus A300-600ST Beluga beim Start. (Airbus)

Wer angesichts des Wirkens der Auftriebskräfte einmal so richtig ins Staunen kommen möchte, dem sei ein Besuch des Airbus-Werkes in Hamburg-Finkenwerder empfohlen. Die Flugzeugfabrik liegt direkt an der Elbe. Vom Deich aus lässt sich die Start- und Landebahn problemlos beobachten. Über diese wird unter anderem der Airbus-Werksverkehr abgewickelt. Dabei werden Bauteile zwischen den einzelnen Airbus-Standorten in Europa hin- und hertransportiert. Das geschieht mit dem Airbus A300-600ST Beluga. Und dieses Flugzeug hat es im wahrsten Sinne des Worte in sich. Es verfügt über ein gewaltiges Frachtvolumen von 1400 m³ auf dem Hauptdeck. Das ist nur möglich durch die besondere Form der Maschine, die speziell für die Airbus-Transportbedürfnisse geschaffen wurde. Wer den Beluga beim Start sieht, glaubt wirklich nicht, dass sich dieses Flugzeug noch vor dem Ende der Startbahn in die Luft heben kann und wird – bis ihn dann das Zuschauen eines Besseren belehrt.

Dass ein solch schweres Flugzeug fliegen kann, basiert natürlich auf verlässlichen Gesetzen der Natur. Aber warum genau das passiert, können trotzdem nur die wenigsten Menschen erklären. Verantwortlich für den Flug der Maschine ist eine Kraft, die als Auftrieb bezeichnet wird. Die Wirkung des Auftriebs lässt sich am einfachsten anhand des so genannten Venturi-Rohres erklären. Das Venturi-Rohr weist eine Besonderheit auf. Es verengt sich im Inneren und hat hier einen kleineren Querschnitt als am Ein- und Ausgang. Der schweizer Mathematiker Daniel Bernoulli erkannte zum ersten Mal eine Gesetzmäßigkeit, die entsteht, wenn eine Flüssigkeit durch dieses Rohr strömt: An der Engstelle im Rohr nimmt die Geschwindigkeit des hindurchströmenden Wassers zu. Gleichzeitig sinkt der Druck im Rohr und an seiner Innenwand.

Ein Experiment mit dem Wasserschlauch
Die entsprechenden Zusammenhänge kennt fast jeder auch der Alltagserfahrung. Ist an einem Gartenschlauch keine Spritzdüse angebracht, tritt das Wasser mit der Geschwindigkeit aus, mit der es auch durch den Schlauch fließt. Verkleinert man den Querschnitt des Schlauches am Austritt erfolgt der Wasseraustritt sofort mit größerer Geschwindigkeit. Der Wasserstrahl reicht weiter.

Dieses Prinzip gilt auch für Gase und damit die Luft. Es lässt sich am Beispiel des Venturi-Rohres besonders gut demonstrieren. Es funktioniert aber auch unter anderen Bedingungen, für die man durch die spezielle Form der Flugzeugtragflächen die Voraussetzung schaffen kann. Flugzeugflügel sind in ihrem Querschnitt nicht gerade, etwa wie ein Brett, geformt. Sie weisen eine Form auf, bei der die Oberseite der Tragfläche nach oben gewölbt ist, während die Unterseite relativ eben bleibt.

Genau diese spezielle Formgebung sorgt maßgeblich dafür, dass ein Flugzeug fliegt. Die gewölbte Oberseite der Tragfläche hat eine ähnliche Wirkung wie die eine Hälfte des Venturi-Rohres. Bewegt sich die Tragfläche mit großer Geschwindigkeit, muss die darüber strömende Luft der Form der Wölbung auf der Tragflächenoberseite folgen. Die Flügelwölbung hat eine ähnliche Wirkung wie die eine, untere Hälfte eines Venturi-Rohres. Dessen andere, obere, Hälfte fehlt natürlich. Sie hat aber ihr Entsprechung im ebenen, ungestörten Luftstrom weiter oberhalb über der Tragfläche. Der Luftstrom, der über den Flügel fließt, muss also durch eine Verengung strömen, die von der Wölbung der Tragfläche geschaffen wird. Die Folge: Die Luft über der Tragfläche wird beschleunigt. Wenn der Luftstrom eine erhöhte Geschwindigkeit hat, müsste gleichzeitig auch der Druck über der Tragfläche abnehmen. Genau das ist der Fall. Über der Tragfläche entsteht eine Sogwirkung. Die Tragfläche - und damit das gesamte Flugzeug - wird in die Luft

Eine Antonow An-2 auf einem Wald- und Wiesenflugplatz in Norddeutschland: Die untere Tragfläche ist abmontiert. Das Profil der Tragfläche ist gut zu sehen. (Littek)

gesogen. Dazu kommt, dass der Flügel während der Bewegung von unten angeblasen wird, da die Tragfläche etwas schräg gegen die Luft angestellt ist. Dadurch entsteht eine Druckwirkung, die die Sogwirkung auf der Oberseite unterstützt. Nach der gängigen Faustregel kommt der Auftrieb des Flugzeugs zu zwei Dritteln aus dem Sog von oben und zu einem Drittel aus dem Druck von unten.

Auftrieb selbst gemacht

Man kann die Kraft des Auftriebs in einem kleinen Experiment mit einfachen Mitteln selbst ganz unmittelbar erleben. Dazu benötigt man nur ein Blatt Papier der Größe DIN A5. Man hält das Papier an den zwei Ecken einer kurzen Kante mit den Fingern so fest, dass das Blatt horizontal, ähnlich einer Tragfläche, ausgerichtet ist. Je nach Festigkeit des Papiers wird sich die hintere, den Fingern gegenüberliegende, Kante nach einem Moment nach unten durchbiegen. Das ändert sich, wenn man über das Papier pustet. Durch die schnell über das Papier strömende Luft entsteht an dessen Oberseite eine Unterdruck – ganz ähnlich dem Flugzeugflügel. Die Folge: Das bisher herunterhängende Papier hebt sich in die Luft.

Damit der Auftrieb entstehen kann, muss sich das Flugzeug natürlich nach vorne bewegen. Und für diese Bewegung sorgen die Triebwerke, von denen jedes Verkehrsflugzeug zwei bis vier besitzt, je nach Größe und Flugzeugtyp. Sollten diese einmal – was extrem unwahrscheinlich ist – gleichzeitig ausfallen, würde die Maschine nicht sofort vom Himmel fallen, sondern in einem ruhigen Flug noch viele Kilometer weiter gleiten und dabei langsam an Höhe verlieren.

Schreckensflug nach Vulkanausbruch

Dass alle Triebwerke bei einem Verkehrsflugzeug gleichzeitig ausfallen, ist äußerst unwahrscheinlich. Trotzdem hat es das schon einmal gegeben. Ein solcher Fall ereignete sich 1982 beim Flug 009 der Fluggesellschaft British Airways. Die Boeing 747 der Fluggesellschaft befand sich auf dem Flug von London nach Auckland in Neuseeland, als über der Insel Java im Pazifik alle vier Triebwerke des Jumbos ausfielen. Grund: Die Maschine war in die riesige Aschewolke eines Vulkans geraten, der kurz zuvor ausgebrochen war. Die Triebwerke saugten die Asche an und gingen aus. Es dauerte zwölf Minuten, bis es der Besatzung gelang, die Motoren wieder in Gang zu bringen. In dieser Zeit flog die Maschine in einem ruhigen Sinkflug weiter. Als das erste Triebwerk wieder hochlief, hatte das Flugzeug immer noch eine Höhe von 12.000 Fuß. Das sind rund 3600 Meter.

240.000 PS am Start: die Triebwerke

Düse oder Propeller: Diese beiden Antriebsmöglichkeiten scheint es für Verkehrsflugzeuge für den Betrachter auf den ersten Blick zu geben. Das ist grundsätzlich nicht falsch – aber auch noch nicht die ganze Wahrheit. Beim Propellerantrieb gibt es zwei unterschiedliche Varianten. Der Antrieb kann durch eine kleine Turbine erfolgen. Dann handelt es sich um eine Turboprop-Triebwerk. Hierbei treibt die Turbine den Propeller an, der dann für Vortrieb sorgt; die Turbine selbst erzeugt dabei nur einen vernachlässigbaren Teil Schubs. Oder der Propeller wird durch einen Kolbenmotor in Rotation versetzt. Diese Antriebsmöglichkeit ist bei Verkehrsflugzeugen heute aber nur noch selten zu finden, üblicher ist sie hingegen bei Sportflugzeugen. Während beim Auto der Motor die Kraft auf die Räder des Fahrzeugs überträgt, tut er dieses beim Flugzeug auf die Propellerwelle. Leistungsfähigere Flugzeug-Kolbenmotoren haben oft eine sternförmige Zylinderanordnung, oft sogar in mehreren Reihen hintereinander. Diese Art des Antriebs war früher – bis in die 50er- und 60er-Jahre – bei Verkehrmaschinen verbreitet.

Super Conny

Als nach dem Zweiten Weltkrieg der rasante Anstieg des Weltluftverkehrs begann, war die Lockheed L-1049 G Super Constellation eine der Maschinen, die vor allem auf den Langstrecken zum Beispiel zwischen Europa und Amerika zum Einsatz kam. Heute gilt die »Super Conny« vielen als eines der elegantesten Flugzeuge, die je gebaut wurden. Die Maschine war mit vier mächtigen Kolbentriebwerken ausgestattet, die jeweils 18 Zylinder besaßen. Technisch galten diese jedoch als nicht ganz einfach. Vielreisende bezeichneten die Super Constellation deshalb spöttisch auch als »schnellste dreimotorige Maschine über dem Nordatlantik«, da in der Praxis häufig eines der Triebwerke ausfiel, was durch den Propeller natürlich auch den Passagieren dann nicht verborgen blieb.

Lufthansa Flugkapitän Jens J. Olthoff vor einem Flug nach Chicago. Zu den Flugvorbereitungen gehört auch ein Außencheck des Airbus A 340-300. Ein Blick in jedes der vier Triebwerke ist dabei obligatorisch. (Littek)

Beim propellergetriebenen Flugzeug sorgt eben der Propeller für den Vortrieb durch die Luft. Anders beim Düsentriebwerk. Hier befindet sich – vereinfacht dargestellt – vorn im Triebwerk ein großes Ventilatorrad, das zunächst Luft ansaugt. Die riesigen Turbinenschaufeln werden auch als »Fan« bezeichnet. Dadurch ge-

Mit Kolbenmotoren sind heute vor allem Sportflugzeuge ausgestattet – und natürlich die Ju-52 der Lufthansa. Diese hat heute dreiblättrige Propeller. Bei der Ur-Ju hatten die Propeller nur zwei Blätter. (Littek)

langt Luft in das eigentliche Triebwerk hinein, wo durch verschiedene Kompressorstufen unter zunehmendem Druck eine immer stärkere Verdichtung erfolgt. Die so komprimierte Luft wird mit Kraftstoff vermischt und in der Brennkammer dann gezündet. Das Gasgemisch wird sehr viel heißer, dehnt sich schlagartig aus, strömt durch die folgenden Teile der Turbine und tritt schließlich hinten aus dem Triebwerk aus. Dabei erzeugen die Gase Schub, der das Flugzeug nach vorne treibt. Ganz nebenbei treiben die nach hinten jagenden Gase vor dem Austreten aus dem Triebwerk noch eine Welle an, über die der Fan und der Kompressor in Gang gehalten werden.

Düsentriebwerke in der Wartung bei der Fluggesellschaft Royal Jordanian in Amman. Deutlich sind die großen Turbinenschaufeln am Triebwerkseingang zu erkennen. Aufgrund der entfernten Verkleidung ist zu sehen, wie schmal der hintere Teil des Triebwerks mit Verdichter und Brennkammer ist. (Littek)

Wird die gesamte angesaugte Luft durch die Brennkammer geleitet, handelt es sich um ein so genanntes Turbojet-Triebwerk. Die Nutzung solcher Triebwerke ist im Überschallbereich effizient. Sie kamen zum Beispiel bei der Concorde zum Einsatz.

Bei modernen Verkehrsflugzeugen wird aber nur ein Teil der vorne angesaugten Luft durch die Brennkammer geführt. Ein weiterer, viel größerer Teil – es sind rund 80% –, fließt außen um die Brennkammer herum. Dieser kalte Luftstrom, der so genannte Mantelstrom, dämpft die Lautstärke der eigentlichen Turbine deutlich. Daneben trägt er aber

Die Boeing 737-200 mit ihren schmalen Triebwerken. (Littek)

auch zum Vortrieb des Flugzeugs bei. Und das sogar ganz maßgeblich. Die riesigen Turbinenschaufeln, die weit über das eigentliche Kerntriebwerk mit seiner Brennkammer hinausreichen, wirken dabei wie Propeller. Bei modernen Flugzeugen macht der Mantelstrom 75% des Schubs auf. Motoren, die so funktionieren, wer-

Bei der Boeing 737-500 haben die Düsentriebwerke schon einen sehr viel größeren Durchmesser. Das Flugzeug ist deutlich leiser als die 737-200. (Littek)

den auch als Turbofan-Triebwerke bezeichnet. Sie kommen vor allem bei großen Verkehrsflugzeugen zum Einsatz. Neben der Lärmreduzierung ist ein weiterer Vorteil ein günstiger Kerosinverbrauch. Dieser Nebenstromanteil der Triebwerke, ist in den vergangenen Jahrzehnten deutlich gestiegen. Das lässt sich schon optisch erkennen. Die Triebwerke moderner Maschinen sind sehr viel dicker als Triebwerke früherer Flugzeuggenerationen. Das sieht man zum Beispiel sehr gut beim Vergleich einer modernen Boeing 737-800 oder auch -500 mit einer älteren Boeing 737-200. Die lärmdämpfende Wirkung des moderneren Antriebs lässt sich sehr gut feststellen, wenn man den Start beider Maschinen hintereinander verfolgt.

Beeindruckend ist der Leistungsanstieg dieser Triebwerke. Die Turbofans einer modernen Boeing 777 zum Beispiel produzieren viel mehr Schub als die Triebwerke einer alten Boeing 727 oder einer Tupolew Tu-154. Trotzdem sind sie beim Start mit ihrem großen Nebenstromanteil erheblich leiser.
Turboprop-Triebwerke sind im Prinzip auch Düsenmotoren. Hier treibt die in der Turbine erzeugte Drehung aber über mechanische Verbindungen einen Propeller an.
Die Leistung eines Düsentriebwerks lässt sich übrigens nicht so leicht in PS angeben, wie das beim Auto der Fall ist. Üblich ist die Angabe in Kilo-Newton (kN). Umgerechnet

Das Triebwerk einer Boeing 737. Die Öffnung für die Schubumkehr ist auf diesem Bild gut an der Seite des Triebwerks zu sehen. (Littek)

Die APU befindet sich bei den meisten Verkehrsflugzeugen im Heck. So auch bei der Boeing 737. (Littek)

leistet jedes Triebwerk einer Boeing 747 beim Start rund 60.000 PS. Insgesamt bringen es diese Triebwerke also auf beindruckende 240.000 PS.

Ein gängiges Ausstattungselement vieler Düsentriebwerke ist die Schubumkehr. Sie dient dem Abbremsen des Flugzeugs unmittelbar nach dem Aufsetzen und unterstützt die Radbremsen. Es gibt je nach Hersteller verschiedene Bauarten. Häufig kommt es bei Aktivierung der Schubumkehr zu einer Öffnung von Klappen an der Außenseite eines Triebwerks, wodurch ein Teil des Luftstroms nach vorne abgelenkt wird. Die Schubumkehr dreht also nicht die gesamte Laufrichtung der Turbine um, wie gelegentlich zu hören ist.

Neben den Triebwerken, die für den Vortrieb sorgen, haben Verkehrsflugzeuge noch ein weiteres Triebwerk an Bord, das dem Beobachter meist verborgen bleibt: Die »Auxiliary Power Unit« (APU), eine Hilfsturbine, die meist im Heck untergebracht ist. Die APU verursacht das Düsengeräuch, das manchmal zu hören ist, wenn eine Maschine auf ihrer Parkposition auf dem Flughafen steht. Die Hilfsturbine versorgt die Maschine bei Bedarf mit Strom zum Beispiel für die Klimaanlage, Licht und Bordinstrumente. Meist wird der nötige Strom der Maschine über entsprechende Stromverbindungen vom Flughafen zur Verfügung gestellt. Ist das nicht der Fall, kann die APU diese Aufgabe übernehmen.

Die Tragflächen und Steuerelemente einer Verkehrsmaschine

Höhenruder, Seitenruder, Querruder – so lauten die Bezeichnungen für die wesentlichen Steuerelemente eines Flugzeugs. Zunächst zu den Querrudern. Sie befinden sich an der Hinterseite der Tragflächen und lassen sich – vereinfacht gesagt – rauf und runter bewegen. Die Querruder der rechten und der linken Tragfläche sind miteinander gekoppelt und bewegen sich gegenläufig. Wird das Querruder zum Beispiel der linken Tragfläche nach oben gestellt, senkt sich gleichzeitig das Querruder der rechten Tragfläche. Das führt zu folgendem Effekt: Durch das nach oben gestellte Querruder an der linken Tragfläche verringert sich hier der Auftrieb. Dadurch sinkt die linke Tragfläche nach unten. Auf der rechten Seite steigt durch das abgesenkte Querruder hingegen der Auftrieb – diese Tragfläche hebt sich. Das Flugzeug beginnt zu rollen. Durch die Betätigung der Querruder rollt das Flugzeug aber nicht nur. Es legt sich auch automatisch in eine Kurve. Je größer dabei die gewählte Schräglage, um so schneller wird die Kurve durchflogen. Die Piloten bewegen die Querruder durch eine Seitwärtsbewegung des Steuerhorns oder Sidesticks.

Nun zu den Höhenrudern. Sie befinden sich am Heck des Flugzeugs und sind waagerecht angebracht. Die Piloten können die Steuerflächen des Höhenruders nach oben und unten bewegen. Das tun sie ebenfalls mit dem Steuerhorn oder Sidestick. Zieht ein Pilot das Steuerhorn zu sich heran, lenken am Heck die Höhenruder nach oben aus. Darauf hebt das Flugzeug die Nase und beginnt zu steigen. Drückt ein Pilot das Steuerhorn von sich von sich weg, lenken die Höhenruder nach unten aus und die Maschine geht in einen Sinkflug über.

Eine »saubere« Tragfläche während des Flugs. (Littek)

Die Höhenruder befinden sich am Ende des Höhenleitwerks. (Littek)

Am Heck vieler Maschinen sind aber nicht nur die Höhenruder beweglich, sondern das gesamte Höhenleitwerk. Der Anstellwinkel kann verändert werden. Die Veränderung wird als Trimmung bezeichnet. Diese gewährleistet, dass das Flugzeug sich immer in einem ausbalancierten Zustand befindet. Die Trimmung wird heutzutage meist automatisch vom Bordcomputer vorgenommen. Verändert sie sich, drehen sich im Cockpit von vielen Flugzeugen zwei Trimmräder auf der Mittelkonsole zwischen den Piloten.

Das dritte Steuerorgan ist das Seitenruder, das sich senkrecht an der Hinterkante der Seitenflosse befindet. Es lässt sich nach links und rechts bewegen und hat eine flugstabilisierende Funktion. Das Seitenruder dient vor allem der Richtungsführung der Maschine kurz vor dem Abheben oder kurz nach dem Aufsetzten. Während des Flugs wird es nur mit minimalen Ausschlägen eingesetzt – meist automatisch – um unerwünschte Flugbewegungen, wie sie zum Beispiel durch Windböen hervorgerufen werden können, entgegenzuwirken und sie dadurch zu mindern. Bedienen die Piloten das Seitenruder, machen sie

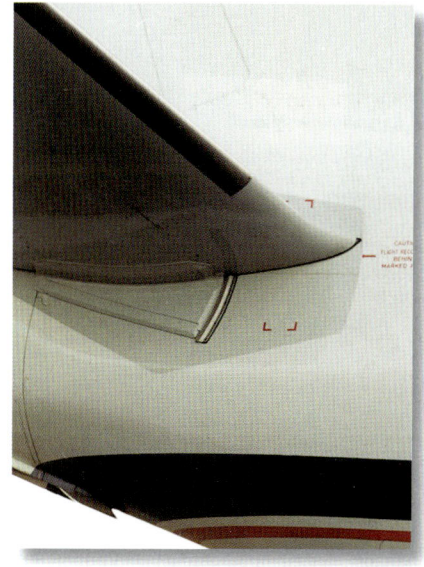

Zur Trimmung wird bei diesem Airbus A319 das gesamte Höhenleitwerk bewegt. Der Verstellbereich ist an der gebogenen Schienen und der farblichen Markierung gut sichtbar. (Littek)

das über zwei Fußpedale. Das geschieht zum Beispiel bei einer Landung. Kurz nach dem Aufsetzen halten sie das Flugzeug über die Seitenruder gerade auf der Landebahn, was insbesondere bei Seitenwind durchaus eine kraftraubende Angelegenheit sein kann. Die Fußpedale haben dabei eine Doppelfunktion. Gleichzeitig werden auch die Radbremsen des Flugzeugs über sie bedient. Diese geschieht mit den Fußballen. Beim Rollen am Boden wird das Flugzeug dann über die Bugradsteuerung gelenkt.

Frei von Eis und Schnee

Lagern sich Eis und Schnee auf den Tragflächen ab, verändert sich damit deren genau definierte Form und damit ihre aerodynamische Leistungsfähigkeit. Mit Eis und Schnee insbesondere auf Tragflächen und Leitwerk darf ein Flugzeug daher nicht starten. Deshalb müssen vor dem Start bei winterlicher Witterung kritische Flächen am Flugzeug mit einem Gemisch aus Wasser und Propylenglykol enteist und vor der Wiedervereisung geschützt werden. Eine Eisbildung ist damit praktisch ausgeschlossen.

Enteisen will gelernt sein. Um möglichst sparsam und schnell zu arbeiten, machen sich die Enteiser die Physik zunutze. Da Aluminium Wärme besser leitet als Eis, genügt es, den Eispanzer mit einem heißen Strahl zunächst nur an einer Stelle aufzuschmelzen. Von dem entstandenen Loch aus erwärmt sich auch der Rest der Tragfläche sehr schnell und das Eis rutscht schließlich in großen Platten ab.

Ein Airbus A340-300 bei der Enteisung auf dem Flughafen Frankfurt/Main. (Lufthansa)

Enteisung und Schutz gegen Wiedervereisung erhalten die Flugzeuge unmittelbar vor ihrem Start. Dabei kommt das schon erwähnte Gemisch aus erhitztem Wasser und Propylenglykol zum Einsatz. Es wird von Spezialfahrzeugen mit Spritzeinrichtungen auf die Trag- und Steuerflächen und gegebenenfalls auf den Rumpf gesprüht. Pro Flugzeug werden je nach Witterung und Flugzeuggröße im Extremfall etwa 3000 bis 6000 Liter Enteisungsflüssigkeit verbraucht. Das Enteisungsmittel ist biologisch nahezu vollständig abbaubar und stellt so auch keine Gefährdung für die Umwelt dar.

An einem durchschnittlichen Wintertag können es allein auf dem Flughafen Frankfurt schon mal bis zu 450.000 Liter Enteisungsflüssigkeit sein, die versprüht werden; dabei ist der Heißwasseranteil noch nicht mitgerechnet. An trockenen, frostigen Tagen sinkt der Verbrauch, und es ist durchaus möglich, dass bei extrem Minusgraden und trockener Luft Enteisung gar nicht notwendig ist, weil sich kein Eis bildet.

Hat die Enteisungsmannschaft ihre Arbeiten abgeschlossen, gibt sie dem Piloten per Funk die Enteisungsdaten durch, aus der er die »Holdover Time« (HOT) ableitet. Sie legt jene Zeitspanne fest, in der das Flugzeug gestartet sein muss. Regen, Schnee oder Graupel können den dünnen Schutzfilm beeinträchtigen und die zugelassene Verbleibzeit bis zum Start erheblich verkürzen. Kommt es dann zu weiteren Verzögerungen, müssen gegebenenfalls die gesamte Enteisung und der Wiedervereisungsschutz wiederholt werden. Der etwa zwei Millimeter dünne Vereisungsschutz beeinträchtigt das startende Flugzeug im Gegensatz zu Eis und Schnee nicht. Schon auf der Startbahn, bei etwa 150 km/h Geschwindigkeit, beginnt der Schutzfilm durch den Fahrtwind zu zerreißen und fließt nach hinten von den Tragflächen ab. Kurz darauf kann das Flugzeug aerodynamisch »sauber« und damit sicher vom Boden abheben.

Auch im Flug kann sich jedoch Eis auf den Tragflächen bilden. Wenn beispielsweise ein Flugzeug beim Landeanflug aus großer Höhe in tiefere, wärmere und damit feuchtere Luftschichten eintaucht, kann Eis entstehen. Dies signalisieren Instrumente im Cockpit. Die Piloten aktivieren daraufhin die Enteisungsanlage. Dabei wird aus den Triebwerken heiße Luft »abgezapft« und durch Rohrleitungen in die Vorderkanten der Flügel und Triebwerkseinlässe geblasen. Dadurch ist es bei modernen Verkehrsflugzeugen praktisch ausgeschlossen, dass sich während des Flugs Eis auf den Tragflächen bildet. Die Cockpitfenster sind darüber hinaus elektrisch beheizt.

Vereisen können natürlich aber nicht nur die Flugzeuge, sondern auch die Rollwege und Startbahnen der Flughäfen. Auch das darf nicht passieren. Um vor Glatteisgefahr auf Flughäfen zu warnen, gibt es zwei Wege: Zum einen messen je drei elektronische Sonden im Boden an den Landebahnen die Temperatur und melden der Vorfeldkontrolle bei Frost Rot. Zum anderen wird regelmäßig ein so genannter Friction-Tester auf die Piste geschickt, ein handelsüblicher Pkw mit einem fünften Rad, das die Griffigkeit der Landebahnen misst und wichtige Basisinformationen für den Winterdienst liefert. Bei längerem Schneetreiben müssen die Tester mehrmals am Tag auf die Piste, um die jeweiligen Reibungsbeiwerte zu bestimmen.

Wichtig für Start und Landung: Klappen und Spoiler

Beim Anflug auf einen Flughafen hat schon so mancher Passagier verdutzt – oder auch besorgt – aus dem Fenster gesehen. Dabei werden aus den sonst glatten Tragflächen langsam Metallflächen ausgefahren, die die Tragflächen in ihrer gewölbten Form nach hinten verlängern. Was der Passagier dabei sieht, sind die so genannten Landeklappen oder »Flaps«. Der Hintergrund dabei ist folgender: In ihrer gewölbten, den Auftrieb erzeugenden Form ist die Tragfläche eines Verkehrsflugzeugs so konstruiert, dass sie optimale Eigenschaften für den schnellen Reiseflug der Maschine bietet. Das ist sinnvoll, denn ein Verkehrsflugzeug befindet sich

Flugkapitän Klaus-Jörg Nitzsche von der Deutschen BA vor seiner Boeing 737. Die Flaps an der Rückseite der Tragflächen sind voll ausgefahren. (Littek)

die meiste Zeit über in diesem Flugzustand. Für den langsamen Flug, wie er zum Bespiel bei der Landung vorkommt, hat die Tragfläche aber keine optimale Form. Hier erzeugt sie wenig Auftrieb. Diesen Nachteil kann man mit konstruktiven Hilfsmitteln kompensieren. Ein solches Hilfsmittel sind die Klappen, die dementsprechend auch als Auftriebshilfen bezeichnet werden. Die Piloten können sie an der Hinterkante der Tragflächen ausfahren, wo sie dann die Fläche des Flügels, seine Krümmung und damit den Auftrieb erhöhen. Das Ausfahren geschieht in verschiedenen Stufen. Voll ausgefahren haben die Flaps zum Beispiel beim Airbus A310-300 eine Stellung von 40°. Auch auf der Vorderseite der Tragflächen gibt es Auftriebshilfen für den Langsamflug. Das sind die Vorflügel oder »Slats«. Auch sie können stufenweise ausgefahren werden. Beim Start werden die Auftriebshilfen übrigens weniger stark ausgefahren als bei der Landung. Beim Airbus A310-300 zum Beispiel stehen beim Start häufig die Slats auf 15° während die Flaps übehaupt nicht aktiviert sind. Bei der Landung haben die Flaps dann bei vollem Ausfahren eine Stellung von 40°, während es bei den Slats 30° sind.

Ausgefahrene Slats an der Vorderseite der Tragflächen. (Littek)

An der Oberseite der Tragflächen kann der Passagier beim Blick aus dem Fenster zuweilen auch noch die Spoiler oder Störklappen bei ihrer Arbeit beobachten. Das sind kleine Klappen, die auf nach oben aufgestellt werden können. Das Aufstellen stört den Luftstrom und damit den Auftrieb, gleichzeitig erhöht es den Luftwiderstand. Die Besatzung setzt sie deshalb vor allem nach der Landung ein, wo sie helfen, das Flugzeug möglichst schnell und wirkungsvoll abzubremsen. Im Flug aktivieren die Piloten die Spoiler, wenn Geschwindigkeit oder Höhe zum Beispiel beim Landeanflug abgebaut werden müssen.

Die Maschine ist gelandet, die Bremsklappen an der Oberseite der Tragflächen werden aufgestellt. (Littek)

Programmierter Abrieb: die Reifen

Lufthansa-Flugkapitän Jens J. Olthoff beim Außencheck seines Airbus A340-300 vor einem Flug nach Chicago. Der Kapitän überprüft dabei auch Fahrwerk und Reifen auf sichtbare Schäden. (Littek)

Vorderes Fahrwerk des Airbus A319. (Littek)

Wenn eine der richtig großen Passagiermaschinen auf der Landebahn 25R des Frankfurter Flughafens landet, stockt den Zuschauern auf der Besucherterrasse regelmäßig der Atem. Bei der ersten Berührung der Reifen mit dem Boden steigt plötzlich eine so große blaugraue Wolke auf, dass schwerste Schäden an Reifen und Fahrwerk möglich erscheinen. Das ist aber normalerweise natürlich nicht der Fall. Die Landung ist völlig normal und der entsprechende Verschleiß der Reifen konstruktiv eingeplant. Trotzdem sind die Kräfte, die bei einer solchen Landung wirken, beeindruckend. Immerhin hat eine Boeing 747-400 bei der Landung noch ein Gewicht von 286 Tonnen, die von einem Moment zum anderen von den Reifen aufgefangen werden müssen. Gleichzeitig waren die Pneus noch Minuten zuvor Temperaturen von -50°C ausgesetzt, während sie von jetzt auf gleich über eine Piste rollen, die sich an einem Sommertag leicht auf 60°C aufgeheizt haben kann.

Weit weniger spektakulär als eine Landung sieht der Start einer entsprechenden Maschine aus. Gerade hierbei ist die Belastung für die Reifen aber um ein Vielfaches höher. Starts erfolgen in der Regel mit größerer Geschwindigkeit als Landungen. Vor allem aber ist das Startgewicht einer solchen Maschine – die ja für den Flug vollgetankt ist – sehr viel größer und kann an die 400 Tonnen betragen. Trägt der einzelne Reifen der Maschine bei der Landung 16 Tonnen, sind es beim Start 22 Tonnen. An meisten verschlissen werden die Reifen übrigens beim Rollen auf dem Vorfeld. Hier entstehen 65% des Reifenverschleißes. Gerade das Rollen von engen Kurven setzt den Pneus zu. Damit Wartungstechniker und Piloten schnell erkennen können, wann ein Reifen am Ende ist, sind diese mit Längsrillen ausgestattet. Diese dienen nicht etwa als Profil. Ein solches ist an den Reifen nicht nötig, denn

Ein Hauptwerksbein des Airbus A310-300. (Littek)

für ausreichenden Bodenkontakt sorgt allein das Gewicht des Flugzeugs. Es dauert üblicherweise rund 200 Starts- und Landungen, bis ein Flugzeugreifen verschlissen ist. Dann wird er gewechselt und runderneuert, was bei Flugzeugreifen bis zu sechs Mal erfolgen kann. Vor einer Runderneuerung wird natürlich sichergestellt, dass der Unterbau eines Reifens noch völlig in Ordnung ist. Der Druck, mit dem Flugzeugreifen aufgepumpt sind, ist hoch. Er beträgt acht bis 14 bar. In den Reifen befindet sich keine Luft, sondern Stickstoff. Das dient dem Brandschutz, denn Stickstoff selbst kann nicht brennen. Das ist zum Beispiel im Crashfall gut, denn dabei kann der evtl. aus den Reifen austretende Stickstoff die Brandgefahr an benachbarten Bauteilen wie den Bremsen reduzieren. Ein Jumbo ist mit 18 Reifen ausgestattet. Er hat ein Hauptfahrwerk mit 16 Reifen und ein Bugfahrwerk mit zwei Reifen. Die Reifen des Hauptfahrwerks verfügen über Bremsen. Diese sind mit Scheibenbremsen ausgestattet, wobei zu jedem Reifen gleich ein ganzes Paket von Scheiben gehört. Viele Flugzeuge sind mit Gebläsen an den Bremsen ausgestattet. Deren Aufgabe ist es, die Temperatur der Bremsen nach einer Landung möglichst schnell wieder herunterzukühlen. Ein anderes Ausstattungsmerkmal von Verkehrsflugzeugen ist ein Antiblockiersystem, das bei Flugzeugen allerdings als Anti-Skid-System bezeichnet wird. Es hat eine etwas andere Aufgabe als beim Pkw. Während es im Auto dazu dient, den Wagen bei einer Bremsung steuerbar zu halten, damit der Fahrer zum Beispiel um ein Hindernis herumlenken kann, soll es beim Flugzeug verhindern, dass die Räder auch nur einen kurzen Moment auf dem Untergrund zum Stehen kommen. Bei dem hohen Gewicht der Maschinen würde ein Rutschen auf der Startbahn oder dem Vorfeld bei einem Reifen zu einem extrem schnellen Materialabrieb führen.

Kühl und sauber: Klimatechnik im Flugzeug

*In der Flugzeugkabine herrscht während des Flugs ein Druck wie in einer Höhe von 2000 m.
Der Druck in Reiseflughöhe außerhalb der Kabine ist weitaus geringer. (Lufthansa)*

Eine angenehme Temperatur während des Flugs in der Kabine eines Verkehrsflugzeugs ist wohl für jeden Passagier heute etwas völlig Normales. Niemand käme auf die Idee, dass er bei einer Flugreise zum Beispiel besonders warme Kleidung tragen müsste, um sich während des Flugs gegen Kälte zu schützen. Dass ein angenehmes Klima heute zu einer solchen Selbstverständlichkeit geworden ist, liegt an einer aufgefeilten Technik, die Flüge selbst unter extremen Bedingungen für den Passagier klimatisch nicht unangenehm werden lässt. Immerhin beträgt die übliche Reiseflughöhe heute 10.000 m bis 12.000 m – in dieser Höhe herrschen Temperaturen von -60°C bei einer extrem niedrigen Luftfeuchtigkeit und einem Luftdruck, der sehr viel geringer ist als an der Erdoberfläche. In der großen Höhe liegt auch der so genannte Partialdruck des Sauerstoffs, der nötig ist, um den menschlichen Organismus mit Sauerstoff zu versorgen, sehr viel niedriger als in geringeren Höhen. Will man mit einem Flugzeug Passagierverkehr betreiben, muss also die Außenhülle der Maschine zunächst einmal so konstruiert sein, dass sich in der Hülle sein sehr viel größerer Luftdruck als außerhalb aufbauen lässt. Dazu muss diese Hülle luftdicht sein. Während des Flugs wird dann die Kabine der Maschine im Prinzip aufgepumpt. Im Flugzeug herrscht ein größerer Luftdruck als außerhalb der Maschine. Der Druck in der Kabine entspricht in etwa dem Druck, wie er in 2.000 m Höhe herrscht. Die Wahl dieses Drucks stellt einen Kompromiss dar. In dieser Höhe und bei diesem Luftdruck kann sich ein Mensch lange Zeit aufhalten, ohne sich beeinträchtigt zu fühlen. Wollte man in der Kabine einen Druck aufbauen, wie er in Meereshöhe herrscht, müsste die Außenhülle des Flugzeugs so dick und massiv konstruiert sein, dass die Maschine zu schwer würde, um noch wirtschaftlich fliegen zu können.

In der Kabine stellt die Klimaanlage die Luft zur Verfügung. Alles zwei bis drei Minuten kommt es zu einem kompletten Austausch der Luft. Die Luft wird aus der Kabine abgesaugt und in einem komplexen Filtersystem von Gerüchen, Bakterien und anderen Keimen gereinigt, mit Frischluft von außen gemischt und wieder in die Kabine geleitet. Der Anteil der Frischluft beträgt 50 bis 60%. Die Mischung der Luft erfolgt deshalb, weil die reine Außenluft viel zu trocken wäre. Durch die Mischung mit der gereinigten Innenluft steigt die Luftfeuchtigkeit auf ein für die Passagiere erträgliches Maß. Die Außenluft hat nur eine Luftfeuchtigkeit von 3%. In der Passagierkabine beträgt die Luftfeuchtigkeit rund 15%. Als behaglich und angenehm empfindet der Mensch eine Luftfeuchtigkeit im Bereich von 40–70%. Die Außenluft wird von den Triebwerken abgezapft. Die Entnahme erfolgt an der Verdichterstufe, in der die Luft für die spätere Verbrennung komprimiert wird. Hier hat die Luft eine Temperatur von bereits 300°C. Bevor die Luft in die Kabine gelangt, muss sie also zunächst heruntergekühlt werden. Danach wird sie zusammen mit der aufbereiteten Kabinenluft vermischt.

Keimfreie Luft
Aufgrund der ausgeklügelten Filtersysteme ist die Luft in modernen Verkehrsflugzeugen extrem sauber. Das haben Wissenschaftler bei Testflügen in einem Airbus A340 der Lufthansa und einem Airbus A310 der Fluggesellschaft Swissair ermittelt. Dabei haben die Forscher die Luft unter anderem auf Bakterien, Schimmelpilze und Staubpartikel untersucht. Maßeinheit dabei sind die so genannten koloniebildenden Einheiten (KBE). In deutschen Wohnungen sind 500 bis 3000 KBE normal. In den Flugzeugen wurden zwischen 20 bis 1700 KBE festgestellt. Die Filtertechnik, die das möglich macht, stammt aus der Biomedizin und hat sich in Operationsräumen seit langem bewährt. Sie filtert selbst kleine Partikel wie Viren mit einer Größe von unter 0,0001 mm aus der Luft heraus.

Keine Gefahr durch Turbulenzen: Welche Belastungen Verkehrsmaschinen aushalten können

Während des Flugs können die Tragflächen ganz schön in Bewegung kommen. Doch genau dafür sind die Flügel auch ausgelegt. Eine Boeing 747 der Fluggesellschaft South African Airways während des Flugs. (South African Airways SAA)

Bei einem Flug durch schlechtes Wetter hat ein Blick Richtung Tragflächen schon so manchen Passagier beunruhigt. Bei stürmischen Winden können sich die Flügel von modernen Verkehrsflugzeugen kräftig biegen. Das sieht bedrohlich aus. Und schon so mancher Fluggast hat sich dabei im Stillen gefragt, für was für Belastungen ein solches Flugzeug wohl ausgelegt ist. Die Antwort: Für beträchtliche Belastungen, die weit über das hinausgehen, was bei einem solchen Sturm in der Luft auf die Tragflächen zukommt.

Jedes Flugzeug, das im kommerziellen Luftverkehr Passagiere befördern soll, wird während der Entwicklung einem komplexen Testprogramm unterworfen, bei dem der Flugzeugtyp in zahllosen Schwingungs- und Funktionstests allen Belastungen ausgesetzt wird, die auch im späteren Dienst auf die Maschine zukommen können. Diese Tests laufen über mehrere Jahre. Dabei wird von den Flugzeugbauern eine Maschine in mehrere Teile zerlegt und auf einem speziellen Versuchsaufbau montiert. Bei den Teilen handelt es sich in der Regel um den vorderen Rumpf, den mittleren Rumpf, das Heck, die Tragflächen und das Leitwerk. Es fehlen alle Einbauten. Bei den Tragflächen sind die Düsen noch nicht montiert. Für das nötige Gewicht sorgen hier ersatzweise Dummies, die statt dessen montiert werden. Am Rumpf fehlt das Fahrwerk. Die einzelnen Rumpfsegmente werden für die Tests mit Druckschotten abgedichtet, so dass sich bei den Tests auch der Wechsel der Druckunterschiede nachstellen lässt, wie er in der späteren Flugzeugdienstzeit der Maschine vorkommen wird.

Wer darum weiß, wie sicher Verkehrsflugzeuge konstruiert sind, kann Flug und Service in aller Ruhe genießen – hier an Bord einer Maschine von South African Airways. (SAA)

An die so montierten Flugzeugbestandteile werden Druckzylinder angebracht. Mit der Hilfe dieser Druckzylinder können alle Belastungen, denen die Flugzeugbestandteile während des späteren Einsatzlebens ausgesetzt sind, simuliert werden. Beispiel: Unter den Tragflächen befinden sich mehrere Druckzylinder, die wie große Teleskopstangen aussehen. Die Druckzylinder fahren während der Testdurchläufe auf und ab und biegen dabei die Tragfläche immer wieder durch, genau in dem Ausmaß, wie das auch im normalen Flugalltag der Fall ist. Die Flugzeugingenieure können auf dieser Weise nicht nur ermitteln, ob die Tragfläche die Belastung des Durchbiegens grundsätzlich aushält, sondern auch, ob das über einen längeren Zeitraum der Fall ist. Denn jedes Material, auch Aluminium, kann ja auch einmal Ermüdungserscheinungen zeigen. Deshalb ist es wichtig, zu sehen, wie die Tragfläche über einen längeren Zeitraum auf die Belastungen reagiert. Bei den Tests gehen die Testingenieure aber noch einen Schritt weiter. Sie simulieren nicht nur den Dauerbetrieb. Sie simulieren ihn dabei so, wie er sich auch in der Realität ereignen wird. In der Realität rollt die Maschine über das Vorfeld. Sie startet, fliegt im Reiseflug, kommt dann und wann in ein Gewitter und einen Sturm, landet, rollt wieder über das Vorfeld. Dabei sind die Belastungen für die Tragflächen jeweils ganz unterschiedlich. Und genau das wird auch in dem Testprogramm berücksichtigt. Ein wichtige Rolle spielt auch die Frage, ob die Maschine später vorwiegend im Kurzstreckeneinsatz geflogen wird oder eher auf Langstrecken unterwegs ist. Der Unterschied ist deutlich: Ein Kurzstreckenflugzeug landet rund acht Mal am Tag. Eine

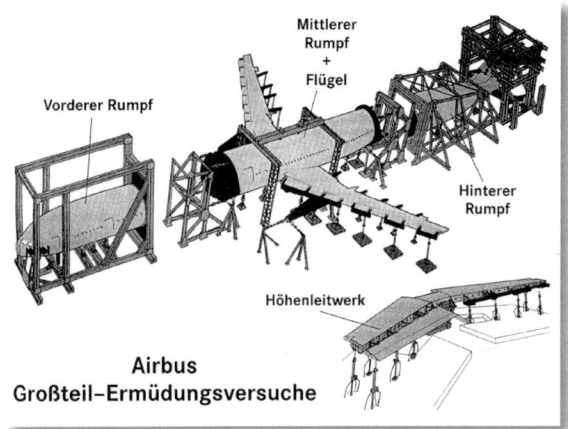

**Airbus
Großteil-Ermüdungsversuche**

Aufbau der Ermüdungsversuche. (Airbus)

Langstreckenmaschine kommt in der gleichen Zeit auf eine oder zwei Landungen. Gerade Landungen stellen die härteste Belastung für die Flugzeugstruktur da. Das lässt sich auf den Belastungskurven, die für die Auswertung der Tests angefertigt wurden, eindeutig erkennen.
Und wie stark verbiegen sich nun die Tragflächen bei einem Flug? Zunächst einmal: Die Verformung der Flügel wird immer gemessen an den Flügelspitzen und gibt deren Ausschlag im Vergleich zum entlasteten Zustand an. Schon im normalen Reiseflug beträgt die Verformung 1 m nach oben. Das liegt schlicht an der Kraft des Auftriebs, der an den Tragflächen zieht und den Flug überhaupt erst möglich macht. Bei starken Windböen können Verformungen von bis zu 2,70 m auftreten. Das wird so auch in den Belastungstest wieder und wieder erprobt.
Die maximale Verformung liegt noch sehr viel höher. Diesem Wert hat sich Airbus bei Bruchtests sehr weit genähert. Dazu wurden die Tragflächen eines Airbus A340 immer stärker verformt. Bei 4,90 m war es immer noch zu keinem Bruch und auch keinem sonstigen Schaden gekommen. Rein rechnerisch soll nach Angaben der Flugzeugbauer ein Bruch bei knapp über 5 m Verformung eintreten – ein Wert der im Flugbetrieb nie erreicht wird, auch nicht in den stärksten Turbulenzen.
Die während eines Flugs eintretenden Beschleunigungskräfte – sie werden mit der Maßeinheit »g« gemessen – wirken aber nicht nur auf die Tragfläche, sondern auf die gesamte Flugzeugkonstruktion. Bei einem ruhigen Reiseflug an einem schönen Sommertag können hier Belastungen von 1,3 g auftreten. Im Herbststurm, dann, wenn das Flugzeug von kräftigen Böen geschüttelt wird und die Kabine immer wieder in den Turbulenzen kräftig durchsackt, sind es um die 1,8 g. In Tests zur statischen Bruchbelastung aber hat der Airbus A340 schon Belastungen von 4,5 g ertragen. Dies zeigt wohl sehr deutlich die enormen Sicherheitsreserven, die in solch einer Flugzeugstruktur stecken.
Interessant ist darüber hinaus auch ein Blick auf die Lebensdauer der Maschinen, die bei den Tests angenommen werden. Als Dienstzeit hat Airbus bei den Tests für den Airbus A300 eine Zeit von 25 Jahren angenommen, was rund 48.000 Flügen entspricht. Um ganz sicherzugehen, wurde der doppelte Zeitraum, eine Lebensdauer von 50 Jahren, getestet. Beim neueren Airbus A320 simulierten die Techniker für Airbus sogar 120.000 Flüge. In diesem Testzeitraum durften keine sicherheitsrelevanten Schäden an den Flugzeugteilen auftreten.

Vom Blech zum Airliner: die Herstellung eines Flugzeugs

Fertigung des Airbus A320. (Airbus)

Rechteckige, dünne Aluminiumbleche: Wer dieses Material im Airbuswerk im norddeutschen Nordenham zum ersten Mal sieht, glaubt kaum, dass diese unscheinbaren Bauteile später einmal den Rumpf eines Verkehrsflugzeugs bilden werden. Beim Anblick der ersten Produktionsschritte ist das schon anders, denn dabei werden die Bleche schon einmal in die Form gebogen, die sie auch an ihrer Montageposition im späteren Flugzeugrumpf haben werden. Wenn das erfolgt ist, schneiden computergesteuerte Maschinen auch schon die Öffnungen für die späteren Fenster aus dem Metall heraus. Zu diesem Zeitpunkt haben die Aluminiumbleche zwar schon die Form, die ihre Position im späteren Flugzeugrumpf erfordert, sie besitzen aber überhaupt noch keine Stabilität und lassen sich in alle Richtungen biegen. Damit daraus einmal ein Flugzeug wird, ist natürlich mehr Stabilität nötig. Die notwendige Festigkeit wird durch den Einbau von waagerecht und senkrecht verlaufenden Streben erzielt. Die waagerechten Verstärkungen heißen Stringer, die senkrecht verlaufenden werden als Spanten bezeichnet. In einem ersten Schritt montieren Airbus-Mitarbeiter die Stringer auf jedem Blech, das dadurch schon viel von seiner Biegsamkeit verliert. Dann fassen die Airbus-Mitarbeiter zwei Bleche zusammen und montieren für beide gemeinsam die Spanten. Auf diese Weise entsteht ein schon sehr viel größeres Rumpfteil des späteren Flugzeugs. In der Flugzeugherstellung wird es als Schale bezeichnet. Befestigt werden die Stringer und Spanten – wie viele andere Teile beim Flugzeugbau auch – mit Nieten. Bei einem Flugzeug wie dem Airbus A321 verbauen die Flugzeugbauer insgesamt 750.000 Nieten. Diese werden durch vorgebohrte Öffnungen gesteckt und dann mit Zangen zusammengepresst. Diese Arbeit erfolgt – je nach Anordnung – manuell oder auch durch Automaten. Verbinden die Flugzeugbauer zwei Bleche, werden diese an der Verbindungsstelle zunächst übereinander gelegt. Zwischen den Metallen bringen die Techniker Kitt auf. So wird vermieden, dass an dieser Stelle im späteren Flugzeugleben Feuchtigkeit eintreten kann.

Nach der Herstellung der Schale wird diese mit dem Lkw ins Airbus-Werk nach Hamburg-Finkenwerder transportiert. Hier erfolgt die Endmontage des Airbus A321, aber auch der kleineren A319 und A318. Das Schwestermodell A320 wird dagegen im fran-

Endmontage der Airbus-Modelle A321 und A319 in Hamburg-Finkenwerder. (Airbus)

Ein Airbus A319 bei ersten Rollversuchen im Airbuswerk Hamburg-Finkenwerder. Das Seitenleitwerk ist bereits lackiert. Bei dem Rest der Maschine erfolgt dieser Arbeitsgang nach dem ersten Flug. (Littek)

zösischen Toulouse entmontiert, genauso wie die großen Airbus-Modelle A340 und A330. Aus jeweils drei der aus Nordenham angelieferten Schalen entsteht in Finkenwerder eine so genannte Tonne. Das ist ein einzelnes Segment des Flugzeugrumpfes, bei dem schon klar zu sehen ist, dass es sich um ein Teil des Flugzeugs handelt.

Bei dem Zusammenfügen der drei Schalen wurde als weiteres Bauteil ein mittlerweile ebenfalls entstandenes Fußbodengitter eingefügt und zunächst provisorisch mit Holzplatten belegt, damit die Flugzeugbauer bei ihren weiteren Arbeiten darauf stehen können. Nun werden drei so entstandene Tonnen miteinander verbunden. Jetzt erkennt man eindeutig den Flugzeugrumpf. Nun schließen sich weitere Arbeiten an. Die Airbus-Mitarbeiter installieren die Fenster, Isoliermatten im Innenraum und erste Einbauten wie die Schläuche für die Lüftungsanlage oder Befestigungen für später einzubauende Lampen. Auch die Hydraulikleitungen folgen, während andere Mitarbeiter schon die Türen des Flugzeugs von außen montieren. Kurz darauf wird in den Rumpf der richtige Fußboden eingebaut. Das alles ist in Hamburg bisher nur im hinteren Teil des Flugzeugs passiert. Noch aber fehlt das Gegenstück, der vordere Bereich der Maschine einschließlich des Cockpits. Der wird in Frankreich, genauer in Saint Nazaire, zusammengebaut und nun von dort nach Finkenwerder transportiert. Als Transportmittel dient dabei ein Flugzeug, das Airbus speziell für diesen Zweck entworfen hat: der Airbus A300-600 ST »Beluga«. Kein Frachtflugzeug befördert ein solches Transportvolumen wie diese Maschine.

Ist der Bug im Hamburger Werk angekommen, werden er und das Heck der späteren Maschine miteinander verbunden. Kurz vor dem Zusammenfügen wird noch die hintere Küche in das Heck der Maschine geschoben, denn dieses wäre aufgrund der Größe des Bauteils zu einem späteren Zeitpunkt nicht mehr machbar.

Aus Großbritannien kommen nun die Tragflächen für die A321. Die Verbindung der Tragflächen mit dem Rumpf erfordert ausgesprochene Feinarbeit. Die Flügel müssen absolut präzise und passig an den Rumpf geführt werden, bevor sie mit Nieten hieran befestigt werden. Um das zu erreichen, ruht jede der beiden Tragflächen vor der Montage neben dem Rumpf auf einer Konstruktion, bei der die Tragfläche auf drei Stützpunkten aufliegt. Durch Erhöhen oder Senken eines jeden dieser Stützpunkte lässt sich die Position des Flügels zum Rumpf sehr fein regulieren. Das geschieht solange bis die optimale Position erreicht ist.

Sind die Tragflächen montiert, schließt sich der Anbau des Fahrwerks an. Danach steht das Flugzeug zum ersten Mal auf seinen »eigenen Beinen«. Jetzt nimmt die Maschine sehr schnell ihre endgültige Form an. Es kommt zur Montage des Höhenleitwerks, dann des Seitenleitwerks. Dieses ist bereits mit der späteren Lackierung versehen. Das wird deshalb gemacht, weil dieses Bauteil – es trägt immerhin das Logo der Fluggesellschaft – am schwersten lackiert werden kann. Durch die Vorwegnahme dieser Arbeit spart Airbus beim späteren Lackieren des Rumpfes wertvolle Zeit. Es schließt sich die Montage der Hilfsturbine im Heck sowie der Einbau des Flugdatenschreibers und des Cockpit Voice Recorders an.

Auch in der Kabine gehen die Arbeiten weiter. Die Flugzeugbauer installieren die Innenverkleidungen an den Seiten, genauso wie die Gepäckablagen. Auf dem späteren Flugdeck kommt es zur Installation der Displays in den dafür vorgesehenen Öffnungen. Anschließend wird das Flugzeug zum ersten Mal an das Stromnetz angeschlossen. Nun kommt es zur Überprüfung aller wesentlichen, bereits eingebauten Systeme. Die Dichtigkeit des Rumpfes überprüft Airbus in einem nächsten Arbeitsschritt. Dazu schließen die Flugzeugbauer alle Türen des Flugzeugs und pumpen die Maschine mit einem höheren Luftdruck auf. Um auf die Spur von möglichen Lecks zu kommen, untersuchen Airbus-Mitarbeiter alle gefährdeten Stellen des Rumpfes auf ihre Dichtigkeit. Dazu werden hochempfindliche Mikrophone verwendet, die sehr nah über den Rumpf geführt werden. Jedes Entweichen von Luft wäre in den Kopfhörern der Airbus-Mitarbeiter deutlich zu hören.

Nach diesem Test wird die Maschine in der Endmontagelinie bis zur Fertigstellung weitergebaut. Alle zweieinhalb Tage »wandert« sie dabei von einem Bauplatz zum nächsten. Auf jedem Bauplatz kommt es zum Einbau weiterer Teile oder auch der Überprüfung von Bauteilen, so zum Anbau der Deckenverkleidungen in der Kabine und der Klappen für die Gepäckablagen. In aufwändigen Tests wird das Fahrwerk überprüft. An einem Bauplatz erfolgt der Anbau der Triebwerke, wenig später verlegen andere Flugzeugbauer die Teppiche im Innenraum, wonach dann die Sitze installiert werden. Einer der letzten Arbeitgänge in der Endmontagelinie ist der Einbau des Wetterradars im Bug des Flugzeugs, bevor Mitarbeiter der Qualitätskontrolle ausschwärmen und den Zustand des Flugzeugs genau kontrollieren. Stellen die Mitarbeiter einen Mangel fest, wird dieser mit einem roten Klebeband markiert. Der Fehler muss dann umge-

Ein Blick in die Boeing-Werkshallen. Auf dem Bild entsteht gerade die erste Boeing 757-300 für die Fluggesellschaft Condor. (Boeing)

hend nachgebessert werden. Aber nicht nur im Innenraum der Maschine kommt es zu strengen Kontrollen. Überprüft werden auch Querruder, Seiten- und Höhenruder sowie die Landeklappen. Anschließend wird das Flugzeug betankt. Unter freiem Himmel lassen die Techniker nun die Triebwerke an und testen diese ausgiebig. Dann rollt das Flugzeug zunächst im Kreis. Dabei stellen die Airbus-Techniker den Kompass ein. Es folgen langsames Rollen über das Werksgelände sowie Tests von Lenkung und Bremsen. Gibt es keine Beanstandungen, wird die Maschine anschließend bis kurz vor die Abhebegeschwindigkeit beschleunigt – mit einer sich anschließenden Vollbremsung. Ist dieser Test zur Zufriedenheit der Ingenieure beendet, kommt es zu einer Inspektion der Turbinen. Wenn diese keinen Makel zeigen, wird die Maschinen zu ihrem ersten Flug freigegeben. Nach der Landung rollt das Flugzeug dann zunächst wieder in die Halle, denn es fehlt ja noch der Lack. Insgesamt 150 kg davon werden nun auf das Flugzeug aufgebracht, nachdem zuvor Airbus-Mitarbeiter alle nicht zu lackierenden Teile wie zum Beispiel die Fenster oder das Seitenleitwerk abgeklebt haben. Nach dem Lackieren ist die Maschine fertig und es erfolgt die Übergabe an die Fluggesellschaft. Dieses geschieht jedesmal in einer kleinen Zeremonie, bei der die Flugzeugschlüssel übergeben und Übergabepapiere unterzeichnet werden.

Routine gibt es selten: die Flugzeugwartung

6:25 Uhr auf der Wartungsbasis in Frankfurt. Die Frühschicht hat gerade begonnen und Meister Achim Triller hat die Einteilung für den heutigen Vormittag vorgenommen. Der Produktionsplan zeigt 25 Flugzeuge, die in der Frühschicht auf einen Check warten. Jedes Flugzeug hat seine Besonderheit – zum Beispiel eine extrem kurze Bodenzeit bis zum Weiterflug, eine größere Beanstandung, die der Pilot bereits vor der Landung gemeldet hat oder ein reiner Routinecheck, der durchgeführt wird. Ein Arbeitstag im Leben eines Mitarbeiters der Frankfurter Wartung sieht immer anders aus. »Routine gibt es selten, an einem Tag ist es ruhiger und am nächsten haben wir keine fünf Minuten Pause«, so Triller.

Der erste Job für Fluggerätemechaniker Carsten Becker ist heute Morgen ein Ramp Check an der »Mike Charlie«. Die Flugzeuge werden der Einfachheit halber mit englischen Namen bezeichnet, die sich auf die letzten beiden Buchstaben in den Kennzeichen beziehen. Räder und Bremsen werden kontrolliert, die Struktur auf Vogelschlag überprüft und die Triebwerke genau untersucht. »Mit dem Auge kann man Schäden an den Triebwerksschaufeln gut erkennen«, erklärt Becker. Während er die Maschine

Bei der Wartung dieser Boeing 747 in Hamburg gibt es keine Schraube, die von den Technikern nicht in Augenschein genommen wird. (Lufthansa Technik)

Boroskop-Kontrolle während eines C-Checks an einer Boeing 747-400. (Lufthansa Technik)

von außen untersucht, sind im Inneren die Kabinenmechaniker bei der Arbeit. Alles, was den Passagierkomfort beeinträchtigen könnte, wird untersucht: Funktionieren die Monitore für das Inflight Entertainment, sind die Sitze sauber und die Bezüge einwandfrei?

»Falls an einem Sitz zum Beispiel eine Rückenlehne defekt ist, muss dieser im schlimmsten Fall geblockt werden. Bei einem ausgebuchten Flug ist das mehr als ärgerlich«, so Kabinenmechaniker Günther Wohlleben. Bei der »Mike Charlie« ist jedoch alles in Ordnung. Auch im »Technical Log Book« stehen keine Beanstandungen, die nicht flugrelevant wären . Das Flugzeug kann planmäßig für den Flug LH422 nach Boston bereitgestellt werden.

Am Gate A20 ist in der Zwischenzeit die »Mike Bravo« aus New York eingetroffen. In nur sechs Stunden soll das Flugzeug schon wieder Richtung USA abheben, für die Technik bleiben vier Stunden Zeit. Fluggerätmechaniker Holger Bohlen erkundigt sich bei Hans Stender, dem Piloten. Er hat eine lange Nacht hinter sich. Kurz werden die wichtigsten Informationen für die Technik ausgetauscht – es gab einen medizinischen Notfall an Bord, das Medizin-Kit muss erneuert werden. Ansonsten ein normaler Flugverlauf. »Je

Dieses Bild vermittelt einen Eindruck vom Ausmaß der großen Wartungen, wie er an allen Maschinen regelmäßig vorgenommen wird. (SAA)

besser die Kommunikation mit der Cockpit- und Kabinencrew ist, umso einfacher ist unsere Arbeit«, erklärt Bohlen. »Wenn wir Beanstandungen schon während des Flugs über das so genannte ACARS (Aircraft Communication And Reporting System) mitgeteilt bekommen, können wir uns darauf vorbereiten. Ebenso effektiv ist ein Hinweis der Flugbegleiter auf einen defekten Sitz oder eben ein verbrauchtes Medizin-Kit.«

Bei der »Mike Bravo« steht ein so genanntes »Service Bulletin«, eine Wartungsempfehlung des Herstellers, an – neue Software für das Triebwerk muss geladen werden. In diesem Fall ist ein Triebwerkslauf notwendig, der mit hohem organisatorischen Aufwand verbunden ist. Gibt es eine Möglichkeit, diesen auf dem Vorfeld durchzuführen oder muss das Flugzeug in die Halle geschleppt werden? Fragen, die kurzfristig beantwortet werden müssen. Meister Triller übernimmt die Koordination und klärt mit dem Hub Control Center (HCC), ob ein Triebwerksprobelauf auf dem Vorfeld möglich ist.

»Neben der rein technischen Arbeit ist die Planung und Organisation sehr wichtig«, so Triller. »An welchem Flugzeug wird welche Qualifikation benötigt und wer erledigt welche Arbeit wo? Der Personaleinsatz muss effektiv und möglichst wirtschaftlich koordiniert werden.«

Von der »Mike Bravo« geht es für Holger Bohlen weiter zur »Golf Sierra«. Der Airbus ist mit einer zurückgestellten Beanstandung aus Chicago gekommen und soll abends weiter nach Tel Aviv. »Engine 2 Minor Fault« lautet die Meldung, die der Bordcomputer abgibt. Eine Beanstandung, die nach dem Wartungshandbuch des Herstellers zurückgestellt werden kann, wenn beispielsweise das benötigte Ersatzteil nicht auf Lager ist oder die Bodenzeit für einen Wechsel nicht ausreicht. Doch die Lufthansa ist penibel. Bei Technik und Sicherheit werden keine Kompromisse eingegangen. Die Wartungsmannschaft ist vorbereitet: Das Ersatzteil wurde von Lufthansa Technik Logistik besorgt und liegt beim Materialdienst vor Ort bereit. Zum Einbau wird ein Flugzeugelektroniker benötigt, der eine A330-Qualifikation besitzt.

Wartung bei der Lufthansa in Frankfurt/Main. (Lufthansa)

»Die morgendliche Arbeitseinteilung ist nur eine grobe Planung, während der Schicht müssen wir flexibel reagieren«, erklärt Triller. »Viele Arbeiten werden auf Zuruf eingeteilt. Das funktioniert natürlich nur in einem guten Team, wo jeder jeden unterstützt.«
Die Flugzeugelektroniker sind im Stand-by, also in Bereitschaft. Bei einem normalen Routine-Ramp Check werden ihre Qualifikationen nicht benötigt, das Team muss aber immer bereit sein für einen so genannten »Trouble Shooting«-Einsatz wie beispielsweise an der »Golf Alpha«. Während des Flugs Detroit–Frankfurt wurde ein fehlerhaftes Feuerwarnsystem an den Tragflächen gemeldet. Die Techniker gehen streng nach dem »Trouble Shooting Manual« des Herstellers vor: Die Nummer der Fehlermeldung wird in das Laptop eingeben, das sich an Bord befindet und in dem alle Daten unter dem spezifischen Flugzeug-Kennzeichen gespeichert sind. Angezeigt werden parallel dazu die ebenfalls vom Hersteller vorgegebenen Arbeitsschritte: Nach einigen Tests stellt sich heraus, dass es sich um einen Fehlalarm handelte. Sicherheitshalber wechseln die Flugzeugelektroniker trotzdem den dazu gehörigen Computer zwischen der rechten und linken Tragfläche aus, um herauszufinden, wo der Fehler liegt. »Die erste Regel heißt, das Manual des Herstellers zu befolgen. Darüber hinaus ist Erfahrung eine sehr wichtige Quelle bei Problemlösungen«, berichtet Vormann Andreas Brümmer.
Auf dem Weg zur »Golf Charlie«, für die Navigationsprobleme gemeldet wurden, kommt ein weiterer Funkruf: »Golf Yankee« hat eine defektes »Data Management Unit«. Geplanter Abflug in 28 Minuten. Jetzt muss die Technik schnell entscheiden, ob in der verbleibenden Zeit die Reparatur geschafft und die vorgesehene Abflugzeit eingehalten werden kann oder nicht. »Eben war es noch ruhig und auf einmal haben wir gleich mehrere Baustellen«, lacht Fluggerätelektroniker Daniel Umpierrez. »So ist es immer.«
Also Änderungen im Plan: zuerst wird die »Golf Yankee« angefahren. Das Fahren auf dem Vorfeld ist streng reglementiert. »Im privaten Pkw würde man in so einem Fall wahrscheinlich schneller fahren als erlaubt, das kommt auf dem Vorfeld nicht in Frage«, so Umpierrez. »Egal unter welchem Zeitdruck wir stehen, die Regeln werden eingehalten. Nicht nur wegen der mobilen Blitzanlagen, sondern vor allem wegen der hohen Unfallgefahr bei dem starken Verkehr auf dem Frankfurter Flughafen.« Bei der »Golf Yankee« angekommen, erläutern die beiden Piloten kurz das Problem und die Fehlermeldung, die sie vom Bordcomputer erhalten haben. Nach wenigen Minuten gibt die Technik der Crew grünes Licht zum Boarding, die Passagiere können einsteigen. Die Beanstandung ist nicht flugrelevant und die Maschine damit technisch »klar«. Die ersten Fluggäste kommen bereits an Bord, als die Technik das Flugzeug verlässt – der Flug LH416 nach Washington kann pünktlich starten.
Um 10:25 Uhr ist der Flug LH691 aus Tel Aviv gelandet. Fliegender Wechsel: die Besatzung verlässt das Flugzeug, die Techniker übernehmen. Für die Flugzeugelektroniker, die im Gegensatz zu den Fluggeräte- und Kabinenmechanikern nur bei einer Beanstandung das Flugzeug anfahren, ist hier nichts zu tun. Das »Technical Log Book« zeigt keinen Eintrag, die Maschine ist in einwandfreiem Zustand und kann nach Reinigung und Ramp Check zum nächsten Flug bereitgestellt werden. Doch noch ein reiner Routinefall an diesem Arbeitstag – eine Seltenheit, aber auch das kommt mal vor.

Die Wartung von Verkehrsflugzeugen erfolgt nach einem exakt festgelegten Wartungssystem. Man kennt folgende Inspektionen, wobei nicht jeder Check für jedes Flugzeugmodell gilt.

Bezeichnung	Zeitpunkt	Inhalt
Pre-Flight-Check	vor jedem Flug	Ein Besatzungsmitglied untersucht die Maschine vor jedem Flug auf äußerlich sichtbare Schäden.
Ramp-Check	täglich	Funktionstests, Behebung kleinerer Schäden in der Kabine, Auffüllen von Wasser, Nachfüllen von Öl, Luft und Hydraulikflüssigkeit
S-Check	jede Woche	Tests der Technik, Service von Reifen und Bremsen
A-Check	alle 350 bis 650 Stunden	Routinemäßige Überprüfung von technischen Systemen, die für den Flugbetrieb wichtig sind. Außerdem erfolgt eine gründliche Überarbeitung der Kabine.
B-Check	alle fünf Monate / 1000 Stunden	Wie der A-Check, jedoch mit zusätzlichen Ergänzungen
C-Check	alle acht bis 18 Monate	Detaillierte Inspektionen der Flugzeugstruktur und gründliche Tests der Systeme. Teilweise Freilegung der Verkleidung für gründliche Überholung
IL-Check	48 Monate	Tiefgehende Kontrolle aller Bauteile von Struktur, Rumpf und Flügeln. Überprüfung und gegebenenfalls Reparatur der Geräte (Elektronik, Hydraulik). Einbau von Produktverbesserungen des Herstellers, Komplettüberholung der Kabine
D-Check	72 Monate	Generalüberholung, bei der jedes Stück Beplankung, jeder Bolzen und jede Schraube auf Materialermüdung untersucht wird. Austausch großer Bauteile, Ausbau und Ersatz aller Instrumente und Geräte, Neulackierung

Die Geschichte des Luftverkehrs

Entwicklung der Verkehrsfliegerei

So fing alles an: 1919 begann in Hamburg Fuhls-büttel der Linienverkehr. Geflogen wurde im offenen Cockpit. Da war es wichtig, sich warm anzuziehen. (Archiv Littek)

Am 17. Dezember 1903 um 10:30 Uhr hob zum ersten Mal ein bemanntes Flugzeug mit einem Motor an einem Strand in North Carolina nahe Kill Devil Hill zu einem Flug vom Boden ab. Der Pilot hieß Orville Wright und schrieb mit dem Flug, der zwölf Sekunden dauerte und über eine Strecke von 36 m führte, Weltgeschichte. Nur zwei Jahre später flogen die Gebrüder Wright mit einer weiterentwickelte Maschine bereits eine Strecke von rund 39 km! Es dauerte nicht mehr lange, und der erste Passagier wurde befördert. Das geschah 1908. Der Mann hieß Charles W. Furnass, und Wilbur Wright nahm ihn mit auf die Reise. Ebenfalls 1908 ereignete sich der erste Todesfall bei einem Flugzeugunglück mit einem Motorflugzeug: Ums Leben kam Leutnant Tho-

Die Junkers F 13, das erste zivile Ganzmetall-Flugzeug mit geschlossener Passagierkabine, war zwischen 1926 und 1934 mit anfangs über 40 Stück als Flugzeugtyp in der Lufthansa-Flotte am stärksten vertreten. Die Maschine galt in ihrer Zeit als hochmodern. Die Kabine war beheizbar, die Sitze schon mit Sicherheitsgurten ausgestattet. (Lufthansa)

mas Selfridge, der mit Orville Wright bei einem Flug abstürzte. Auch auf der anderen Seite des Atlantiks wurden eifrig Flugmaschinen gebaut. Mit gutem Erfolg. Louis Blériot absolvierte den ersten Flug über den Ärmelkanal am 25. Juli 1909. Der Flug dauerte 38 Minuten und führte von Sangatte nach Dover. Wenig später brach der Erste Weltkrieg aus. Und wie leider so oft der Fall, sollte auch hier ein kriegerischer Konflikt die Technik beflügeln – im wahrsten Sinne des Wortes. Das Militär entdeckte das Potenzial des Flugzeugs, zunächst als Aufklärungsmittel, um die feindlichen Aktionen am Boden zu erkunden, dann als Waffe. Die Maschinen wurden schnell immer besser und zuverlässiger. Nach Kriegsende hatte die Technik ein Niveau erreicht, das einen kommerziellen Einsatz der Flugzeuge auf breiter Ebene ermöglichte.

Folgerichtig kam es zur ersten Gründung von Fluggesellschaften. Am 5. Februar 1919 brachte die Deutsche Luftreederei (DLR) zum ersten Mal eine Frachtsendung, bestehend aus Zeitungen, auf dem Luftweg von Berlin nach Weimar. Das Industrieunternehmen AEG hatte die Firma bereits am 13. Dezember 1917 als Studiengesellschaft gegründet.

Passagiere konnten ebenfalls bereits 1919 in den Maschinen der DLR mitfliegen. Nach und nach entstand in vielen Ländern ein immer dichteres Netz von Flugverbindungen. Fluggesellschaften schossen wie Pilze aus dem Boden. Vermehrt nahmen die neugegründeten Unternehmen auch Langstreckenverbindungen in Angriff. Die niederländische KLM wagte am 1. Oktober 1924 einen Streckenerprobungsflug nach Batavia in die holländischen Kolonien in Ostindien, eine britische Expedition flog in Zusammenarbeit mit Imperial Airways 1924 nach Indien und Burma. 28.970 km wurden zurückgelegt, bevor die de Havilland D.H. 50J wieder ins Vereinigte Königreich zurückkehrte. Flüge nach Südafrika und Australien schlossen sich in der Folgezeit an. 1929 nahm die KLM den regelmäßigen Liniendienst in die hollän-

Rohrbach Roland I der Lufthansa um 1927. (Lufthansa)

Eine Ha 139, wie sie auch auf dem Südatlantik zum Einsatz kam. (Archiv Littek)

Der Jumbo der 30er-Jahre: Die viermotorige Junkers G 38 war das größte Landflugzeug ihrer Zeit. Wohl einmalig war die Perspektive für einige der Passagiere: Ein Teil der Sitzplätze befand sich innerhalb der Tragfläche und bot nach vorn einen einmaligen Ausblick. Der Lärm durch die direkt daneben befindlichen Motoren dürfte allerdings nicht unerheblich gewesen sein. (Lufthansa)

Die Douglas DC-3. (Archiv Littek)

dischen Kolonien in Ostindien auf. Ein bedeutendes Ereignis dieser Epoche war natürlich die erste Nonstop-Alleinüberquerung des Atlantischen Ozeans mit einem Flugzeug, die Charles Lindbergh am 20./21. Mai 1927 in einem 33,5 Stunden dauernden Flug gelang. Auch in den 30er-Jahren expandierte der Luftverkehr weiter. Die deutsche Luft Hansa eröffnete am 3. Februar 1934 den ersten Transatlantikdienst der Welt. Er diente der Postbeförderung zwischen Deutschland und Südamerika. Dazu startete eine Heinkel He 70 in Berlin-Tempelhof. Die Maschine flog – mit 43 kg Post an Bord – über Stuttgart und Marseille ins spanische Sevilla. Dort wurde die Fracht in eine Junkers Ju 52 umgeladen, die damit nach einer Zwischenlandung in Las Palmas nach Bathurst in British-Gambia an der Westküste Afrikas flog. Hier war ein Frachtschiff, die »Westfalen« stationiert. Die Westfalen hatte als Ausstattung ein

Ein Blick in die Kabine der Junkers G 38. (Lufthansa)

Die Douglas DC-7 in den Farben von Pan Am. (Archiv Littek)

Katapult. Von hier aus konnte das zehn Tonnen schwere Flugboot »Taifun« vom Typ Dornier Wal gestartet werden. Das geschah aber noch nicht in Afrika. Zunächst lief die »Westfalen« aus und nahm auf dem Atlantik Kurs auf Südamerika. Nach 36 Stunden Fahrt dann erfolgte der Katapultstart der »Taifun« auf offener See. Ziel der Flüge war Natal in Brasilien. Hier übernahm eine mit Schwimmern ausgestattete W 34 die Post und flog sie nach Buenos Aires weiter. Im ersten Jahr ihres Postdienstes führte die Luft Hansa 47 Flüge von oder nach Südamerika durch. Als Flugzeugmuster kamen später auch Flugzeuge vom Typ Blohm & Voss Ha 139 zum Einsatz.

Auch über dem Nordatlantik tat sich einiges. Imperial Airways und die amerikanische Pan Am absolvierten mit Flugbooten erste Erprobungsflüge. Eine Linienverbindung wurde 1938 aufgenommen. Am 10. August 1938 flog eine Focke Wulf FW 200 von Berlin aus nonstop in 24 Stunden und 36 Minuten nach New York.

Dann kam der Zweite Weltkrieg. Wieder machte die Fliegerei technisch eine rasante Entwicklung durch, während die zivilen Flugverbindungen weitgehend zum Erliegen kamen. Nach dem Krieg dann begann sofort der Aufbau eines weltweiten Netzes von Flugverbindungen. Fluggerät waren zunächst große, von Kolbenmotoren angetriebene Propellermaschinen. Auf den Langstrecken waren die Douglas DC 6 oder Lockheed L-049 Constellation und ihre Weiterentwicklungen zu sehen. Schon Anfang der 50er-Jahre begannen die Verkehre mit der düsengetriebenen de Havilland DH 106 Comet. Die Maschine geriet jedoch in Verruf, als zwei Maschinen – zunächst unerklärlicherweise – abstürzten. In einer bis dahin beispiellosen Untersuchung fanden die Unfallermittler dann die Ursache heraus: Materialermüdung der Druckkabine an den damals noch eckigen Fenstern. Trotz dieser Rückschläge begann der Siegeszug des Düsenverkehrs. 1958 ging die zu dieser Zeit revolutionäre Boeing 707 für die Fluggesellschaft Pan Am auf der Strecke New York–London in den Liniendienst. Die DC-8 folgte. Die neuen Maschinen waren aber nicht nur schneller als die zuvor eingesetzten Propellerflugzeuge. Sie erhöhten auch drastisch das Platzangebot. Und damit sanken die Preise weltweit für Flugscheine. Der Charakter des Fliegens begann sich zu wandeln. Ein Flug mit einer Passagiermaschine, zuvor eine sehr elitäre Angelegenheit, die sich nur sehr wohlhabende Menschen leisten konnten, wurde einer breiteren Bevölkerung zugänglich. Diese Entwicklung setzte sich mit der Einführung der Boeing 747 fort. Mit diesem Flugzeug konnten noch mehr Menschen befördert werden. Damit schuf diese Maschine die Voraussetzungen für ein noch weiter anwachsendes Verkehrsaufkommen zwischen den Kontinenten. Andere Großraummaschinen folgten. Beispiele sind die DC-10, die Lockheed L-1011 oder der Airbus A300. 1973 zeigte die erste Ölkrise die Grenzen dieser Entwicklung auf. Dazu kamen zunehmende Umweltprobleme, sodass neue Aufgaben entstanden, denen sich die Flugzeughersteller und Airlines stellen mussten. Sparsame Flugzeugentwicklungen wie der Airbus A320 oder die Boeing 737-800 sind sehr erfolgreiche Antworten auf dieser Problematiken, die als Themen auch in Zukunft die weitere Geschichte der Luftfahrt bestimmen werden.

Convair CV-340. Die Maschine flog von 1955 bis 1968 für die Lufthansa. (Littek)

Einige Pioniertaten in der Luftfahrt	
17.12.1903	Orville Wright absolviert den ersten Motorflug
25.07.1909	Erste Überquerung des Ärmelkanals durch Louis Blériot
01.01.1914	In Florida, USA findet zwischen St. Petersburg und Tampa der erste planmäßige Linienflug statt.
14.06.1919	John Alcock und Arthur Whitten Brown überqueren zum ersten Mal den Atlantiks in einem Non-Stop-Flug. Sie fliegen von St. Johns in Neufundland nach Clifden in Irland.
20.05.1927	Charles Lindbergh wagt den ersten Non-Stopp-Alleinflug über den Atlantik.
15.05.1930	Neuigkeit in einer Maschine der Boeing Air Transport. Zum ersten Mal bedient eine Stewardess die Fluggäste.
27.07.1949	Das erste düsengetriebene Verkehrsflugzeug der Welt, die de Havilland DH 106 Comet, startet zu ihrem Jungfernflug.
31.12.1968	Das erste Überschall-Verkehrsflugzeug, die Tupolew Tu 144, absolviert seinen ersten Flug.
21.12.1988	Das größte Flugzeug der Welt, die Antonov A 225, hebt zu seinem Erstflug ab.

Einige Rekorde

Die höchste je erreichte Geschwindigkeit innerhalb der Erdatmosphäre für ein Flugzeug, das sich aus eigener Kraft vom Boden erhebt, beträgt 3523 km/h. Bei der Maschine handelte es sich um eine Lockheed SR-71. Geflogen wurde sie von E.W. Joersz und G.T. Morgan jr. Der Rekordflug fand am 27. Juli 1976 statt.

Die größte Höhe, die bisher von einem eigenstartfähigen Flugzeug innerhalb der Erdatmosphäre erreicht wurde, betrug 36.240 m. Dabei handelte es sich um eine Mikoyan E 226. Der Rekordflug fand am 25. Juli 1973 statt.

Das größte Flugzeug der Welt ist die Antonov An 225. Die Frachtmaschine hat ein Startgewicht von rund 600 Tonnen, ist 84 m lang und hat eine Spannweite von 88,40 m. Für den Antrieb sorgen sechs Düsentriebwerke unter den Tragflächen.

Das Cockpit im Wandel der Zeit

Das Cockpit der Rohrbach Roland I, mit der 1926 geflogen wurde, war offen. Während des Flugs waren den Piloten jedem Wetter ausgesetzt. (Lufthansa)

Seit dem 11. September 2001 ist Passagieren der Zugang zum Cockpit während des Flugs verwehrt. Wem es trotzdem einmal gelingt – zum Beispiel am Boden – einen Blick auf das Flugdeck einer modernen Verkehrsmaschine zu werfen, der hat dabei heute aufgeräumte, großzügige Pilotenarbeitsplätze vor sich, die von großen Bildschirmen dominiert werden. Bis zu diesem Stand der Entwicklung war es ein langer Weg. In der Anfangszeit der Fliegerei war das Cockpit der Flugzuge nicht einmal geschlossen. Die Piloten waren allen Unbilden der Witterung ausgesetzt. Kopfhaube, Brille, Wollschal, ein dicken Mantel und Pelzhandschuhe bildeten wesentliche Ausrüstungsbestandteile der Piloten. Während besonders kalter Zeiten war es üblich, dass sich die Piloten sogar noch ihre Kleidung zusätzlich mit alten Zeitungen ausstopften. Das steigerte den Kälteschutz noch einmal deutlich. Von Navigationsdisplays und Bordcomputern konnten die Flieger in dieser Zeit nicht einmal träumen. Geflogen wurden ausschließlich nach Sicht. Die Piloten orientierten sich während des Flugs an Schienenstrecken, Flüssen und markanten Punkten am Boden wie zum Beispiel Kirchtürmen. Die Nutzung eines guten Fernrohres war wichtig. Auch wenn nach Sicht geflogen wurden, bildeten sich schnell auf der regelmäßig abzufliegenden Strecke feste Flugwege heraus, die von den Piloten benutzt wurden. Manche galten als leichter zu fliegen als andere. Äußerst gefährlich waren Flüge von Amsterdam über Hannover nach Berlin. Irgendwo auf dieser Strecke begegneten sich meist die Maschinen, die jeweils in Amsterdam und in Berlin gestartet waren. Das lag daran, dass sich die Maschinen aus beiden Richtungen an der gleichen Schienenstrecke orientierten. Die Maschinen aus Berlin flogen dabei rechts vom Schienenstrang nach Westen. Grund: Der Pilot saß hier auf dem linken Platz im Cockpit und konnte so die Schienen am besten sehen. Kam ihm eine Maschine aus Amsterdam entgegen, und handelte es sich dabei um die Fokker FIII, barg das ernsthafte Gefahren. Der Pilotensitz in diesem Flugzeug war rechts vom Motor montiert. Der Pilot war nur in der Lage, den Boden und damit die Schienen zu sehen, wenn er rechts aus der Maschine blickte. Das aber bedeutete beim Flug nach Osten in Richtung Berlin: Er

Cockpit einer Junkers G 31 um 1929.

musste aus seiner Sicht gesehen links von der Bahnstrecke fliegen. Damit kam er der Maschine aus Berlin direkt entgegen.

In diesen frühen Zeiten der kommerziellen Luftfahrt war die Instrumentierung der Flugzeuge äußerst bescheiden. Standard im Cockpit waren ein Höhenmesser, ein Geschwindigkeitsmesser, ein Drehzahlmesser, Anzeigen für den Benzin- und Öldruck, ein Kühlwasserthermometer, ein Kompass und eine Uhr. Man kannte noch keinen künstlichen Horizont. Flog ein Flugzeug in eine Wolkendecke, bestand immer die Gefahr, dass die Besatzung die Orientierung und das Gefühl für die Lage im Raum verlor. Während sich die Piloten auf exaktem Flug geradeaus glaubten, flog die Maschine zum Beispiel eine Kurve oder befand sich im Sinkflug. Der Wendeanzeiger, der eine Orientierung im Raum auch ohne Sicht erlaubte, wurde erst 1928 erfunden. Bei dem Instrument wandern eine Kugel und ein Zeiger aus, wenn das Flugzeug schräg oder in einer Kurve fliegt. Überall schulte man altgediente Piloten auf die neue Technik um, wurde hitzig über Vor- und Nachteile diskutiert.

Cockpit einer Vickers V-814 »Viscount«. Die Lufthansa setzte die Maschine von 1958 bis 1971 ein. (Lufthansa)

In den 30er-Jahren verbesserte ein System von UKW-Funkbaken die Navigation deutlich. 1936 wurden in Deutschland die ersten dieser Sender aufgestellt. Diese strahlten einen Funkleitstrahl aus, der im Kopfhörer des Piloten als Dauerton zu hören war, wenn sich ein Flugzeug auf dem idealen Kurs befand. Wichen die Piloten davon ab, löste sich der Dauerton in Morsetöne auf. Der ganze Funkverkehr wurde zu dieser Zeit mit Morsegeräten abgewickelt. Das blieb auch nach dem Zweiten Weltkrieg zunächst so. Über kürzere Distanzen kam bald schon UKW-Funk zum Einsatz. Neben dem Piloten und dem Kopiloten flog für diese Arbeit ein Funker mit. Dazu kam noch ein Navigator, dessen Aufgabe es war, für die Einhaltung des richtigen Kurses während des Flugs zu sorgen sowie ein Bordingenieur, der für die Überwachung und Bedienung der Hydrauliksysteme, Benzinpumpen und Tanks verantwortlich war. Auf langen Strecken befand sich weiter ein so genannter Relief-Pilot zum Ablösen des Kapitäns an Bord. So ausgestattet machten sich die Maschinen in den 50er-Jahren auf den Weg über den Nordatlantik. Es gab bereits die ersten Autopilotensysteme, die für die Piloten einen deutlichen Komfortgewinn bedeuteten. Bald wurden Navigationsfunkfeuer und ILS-Landehilfen am Boden installiert. Ende der 50er-Jahre hatte dann auch die Morsefunkerei auf Langstrecken ein Ende. Der Kurzwellenfunk stand nun in ausreichender Qualität zur Verfügung und somit konnte der Arbeitsplatz des Bordfunkers entfallen. Für den Funkverkehr waren nun die Piloten zuständig. Ende der 60er-Jahre stellte die Einführung des Trägheitsnavigations-Systems (INS) eine wesentliche Verbesserung bei

Das Cockpit der Boeing 747-300. In diesem Cockpit verrichtet noch ein Flugingenieur seinen Dienst. Auf dem Flugdeck sind zahllose anloge Rundinstrumente zu sehen. (Littek)

der Navigation dar. Ein kompliziertes Kreiselsystem rechnete jetzt den von der Crew vor dem Start am Boden eingegebenen Standort selbständig während des Reiseflugs fort. Das aber hatte wieder Konsequenzen für die Zahl der Besatzungsmitglieder. Auch auf Langstrecken wurde nun kein Navigator mehr benötigt. Die nun noch im Cockpit arbeitende Crew, bestehend aus Kapitän, Kopilot und Flugingenieur, stellte über viele Jahre die Standardbesetzung dar. Schlussendlich wurde auch der Bordingenieur überflüssig. Computer konnten nun die Systeme, die zuvor zum Zuständigkeitsbereich des Bordingenieurs gehörten, überwachen und steuern. Damit bestand die Cockpitbesatzung nur noch aus zwei Piloten, wie es heute in allen modernen Maschinen der Fall ist. Die Einführung der Computertechnologie führte aber nicht nur zur Ablösung des Ingenieurs an Bord, sondern auch zu einer Verbesserung der automatischen Flugsteuerung. Frühe Autopiloten waren gerade mal in der Lage, Kurs und Höhe bei einem Flug beizubehalten. Moderne Systeme führen die Maschinen auch auf Langstrecken mit vielen Kursänderungen zuverlässig.

Im Laufe der Jahrzehnte kam es auch bei den Instrumenten im Cockpit zu deutlich sichtbaren Veränderungen. Zu Beginn der Entwicklung wurden Informationen auf Einzelinstrumenten dargestellt. Die Instrumente waren im Cockpit willkürlich angeordnet. Mit der Zeit bildeten sich immer mehr Erfahrungswerte darüber aus, wie eine Anordnung der Cockpitinstrumente möglichst sinnvoll erfolgen sollte. Es kam zu

Modernes Cockpit eines Airbus A340-300. (Littek)

Standardisierungen, die sich auch herstellerübergreifend durchsetzten. Ein wichtiges Element war dabei die Anordnung der besonders wichtigen Instrumente in »T«-Form. Durch diese Form konnten die wesentlichen Instrumente im unmittelbaren Blickfeld der Piloten untergebracht werden. Fahrtmesser, künstlicher Horizont und Höhenmesser waren in einer Linie angeordnet, der Kurskreisel befand sich unter dem künstlichen Horizont.

Mit der immer weitergehenden Entwicklung der Technik nahm die Zahl der Informationen, die sich im Cockpit darstellen ließen, zu. Es entstand die Notwendigkeit, Einzelinformationen nicht mehr separat darzustellen, sondern integriert zur Anzeige zu bringen – wofür sich die heute übliche Darstellung auf Displays ideal eignet. Beispiel Airbus A320: Hier gibt es vor den Piloten nebeneinander zwei Bildschirme, das Primary Flight Display und das Navigation Display. Der Primary Flight Display bildet gleichzeitig den Künstlichen Horizont, die Anzeige der Geschwindigkeit, des Höhenmesser und eine Kursrose ab. Die Anzeigen sind zueinander wieder nach dem Muster der »T«-Form angeordnet. Durch den Einsatz von Bildschirmen ist eine bisher nicht gekannte Variabilität in der Darstellbarkeit der Informationen möglich. Die Piloten können sich heute auf die Anzeigen konzentrieren, die ihnen wichtig sind. Von ihrer Bedeutung untergeordnete Informationen werden nicht ständig angezeigt, sondern wahlweise. Die Piloten können die entsprechenden Informationen auf den Displays abrufen, wenn sie diese benötigen.

Die Flugzeuge und ihre Hersteller

Airbus und seine Flugzeuge

Airbus A320 (Airbus)

Airbus A310-300 (Littek)

Airbus A340-300 beim Start. (Lufthansa)

Airbus und Boeing: Diese beide Flugzeughersteller bestimmen heute im Wesentlichen den Markt für Verkehrsflugzeuge weltweit. Noch vor wenigen Jahrzehnten war das anders. Da konnten Fluggesellschaften ihre Maschinen aus den Produktpaletten von weit mehr Herstellern auswählen, deren klangvolle Namen wie Douglas, Convair, Lockheed, Fokker oder Vickers einst Luftfahrtgeschichte schrieben. Der europäische Flugzeughersteller Airbus produziert seine Maschinen heute an 16 Entwicklungs- und Produktionsstandorten in Frankreich, Deutschland, Großbritannien und Spanien. Dazu kommen Zulieferer, Partner und Tochterunternehmen, die rund um den Globus angesiedelt sind. Airbus gehört zum weltweit operierenden EADS-Konzern, der neben Airbus vier weitere Geschäftsbereiche hat. Dabei handelt es ich sich um die Geschäftsbereiche Militärische Transportflugzeuge, Eurocopter, Verteidigungs- und Sicherheitssysteme und Raumfahrt. EADS erzielte 2005 einen Umsatz von rund 34. Mrd. Euro und beschäftigt rund 113.000 Mitarbeiter, von denen 57.000 bei Airbus arbeiten. Die Flugzeugpalette des europäischen Flugzeugbauers reicht vom Airbus A318, der in einer typischen Kabinenkonfiguration 107 Passagiere befördern kann bis hin zum Airbus A380 mit über 550 Sitzplätzen. Neben der A380 und der geplanten A350 lässt sich

Das neue Flaggschiff von Airbus: die A380 (Airbus)

die Airbus-Flotte in drei große Flugzeugfamilien einteilen. Bei den Flugzeugmustern A318, A319, A320 und A321 handelt es sich um die kleinen Modelle des Herstellers. Es sind so genannte Narrow-Body-Maschinen (Schmalrumpf) mit zwei Triebwerken, die auf Kurz- und Mittelstrecken zum Einsatz kommen. Das größte Muster hiervon ist die A321 mit üblicherweise 185 Sitzplätzen. Die erste Maschine dieser Familie war die A320, die am 22. Februar 1987 ihren Jungfernflug absolvierte. Die mittlere Flugzeug-familie bilden die Modelle A310 und A300, deren Sitzplatzkapazität sich zwischen 220 und 266 Plätzen bewegt. Mit diesen so genannten Wide-Body-Flugzeugen (Großraum) begann die Produktion von Airbus-Maschinen. Als erstes Modell absolvierte der Airbus A300 am 28. Oktober 1972 seinen Jungfernflug.

Größer ist die Flugzeugfamilie um die Muster A330 und A340. Bei identischem Rumpf-querschnitt, aber jeweils unterschiedlicher Länge, bieten die Maschinen dieser Flug-zeugfamilie eine Kapazität von 253 bis 380 Sitzplätzen an. Während die A330-Modelle jeweils mit zwei Triebwerken ausgestattet sind, verfügen die A340-Muster über jeweils vier. Der Airbus A340-300 absolvierte seinen Erstflug am 25. Oktober 1991. Größtes Flugzeug von Airbus ist die neue A380, die bei der Lufthansa zum Beispiel mit einer Kapazität von 555 Sitzplätzen fliegen wird. Als weitere Neuentwicklung ist eine Flug-zeugfamilie um die A350 geplant. Diese zweistrahligen Maschinen sollen mit einem besonders geringem Kerosinverbrauch auskommen. Die Sitzplatzkapazität wird bei rund 250 Plätzen beginnen.

Das erste Mal: Wie Lufthansa-Flugkapitän Ulrich Hohl den ersten Flug mit dem Airbus A380 erlebte

Herzklopfen in der Fliegerei, für mich als alten Hasen in dem Geschäft über den Wolken, gibt es das nicht mehr, dachte ich – bis zu meinem ersten Flug am Steuer des größten Passagierflugzeugs der Welt, dem Airbus A380. Dabei kenne ich das Flugzeug und seine Systeme schon in- und auswendig. Immerhin gehöre ich als Lufthansa-Kapitän schon seit dem Jahr 2003 zum Airbus-Team, das für die Entwicklung der Trainingsprogramme für A380-Piloten verantwortlich ist. Doch jetzt durfte ich die A380 auch »im richtigen Leben«, wie wir Flieger sagen, erleben: Auf einem Testflug von Singapur nach Toulouse. Ich schnalle mich auf dem linken Sitz an, Testpilot Peter Chandler sitzt rechts. Es wird live. Ich lege meine Hand auf die vier Gashebel und schiebe sie kurz nach vorn, bis wir anrollen und dann gleich wieder zurück in die Leerlaufstellung. Der Riesenvogel braucht etwas länger bis er auf den Schub der mächtigen Triebwerke reagiert. Die A380 rollt. Natürlich spürt man irgendwie das enorme Gewicht, aber die Maschine lässt sich leicht steuern, ich habe schnell ein vertrautes Gefühl. Die Sicht nach vorn und auch zur Seite ist wunderbar, man sitzt nicht viel höher als im Airbus A340, aber nicht so hoch wie im Jumbo, das empfinde ich als angenehm.

Das erste Mal auf einem internationalen Flughafen mit dem größten Flugzeug der Welt zu rollen ist schon etwas Besonderes, das kann ich nicht leugnen. Irgendwie fühlt

Der Airbus A380 in den Farben der Lufthansa. (Lufthansa)

Groß und trotzdem elegant im Flug: der Airbus A380. (Lufthansa)

man sich von allen Seiten beobachtet und natürlich ist das auch so. Viele Kollegen, an deren Jets wir vorbeirollten winkten uns zu oder machten Fotos aus dem Cockpit, einige stoppten sogar, um uns länger im Blick zu behalten.

Problemlos erreichen wir die uns zugewiesene Startbahn 20 rechts und erhalten – so als wollte man uns einen gebührenden Extraservice geben – sofort die Startfreigabe. Einen kurzen Moment atme ich nochmal tief durch. Dann ist es so weit: Gleichmäßig schiebe ich die Gashebel auf der Mittelkonsole links neben mir nach vorn. Die Anzeigen auf dem großen Glasdisplay vor mir signalisieren, dass alle Parameter stimmen. Und das bekommt man im Cockpit auch zu spüren. Die Power, die Leistung der vier Triebwerke ist phantastisch, das lässt jedes Fliegerherz höher schlagen. Unser Startgewicht ist mit 514.500 kg berechnet, ein solch schweres Flugzeug habe ich in meiner langen Fliegerlaufbahn noch nie in die Luft gebracht.

Nach gut 25 Sekunden Rollzeit steht die Marke für die Geschwindigkeitsanzeige bei 161 Knoten (ca. 290 km/h). »Rotate«, ruft Peter Chandler neben mir aus, das ist für mich das Signal, den Sidestick – den Steuerknüppel beim Airbus – nach hinten zu ziehen. Der Flieger hebt die Nase, hebt ab. Ich fliege zum ersten Mal mit dem Airbus A380! Und was ist anders? Spürt man das Gewicht, die Größe? Einen Moment gehen einem solche Fragen durch den Kopf, einen kurzen Moment nur, dann hat die Realität die klare Antwort: Nein, es gibt keinen oder kaum einen Unterschied zu anderen Airbus-Flugzeugen, schon gar nicht zu den großen Langstreckenmodellen.

Fahrwerk ein, Klappen, alles wieder Routine. Kraftvoll steigt der Airbus, es ist eine Freude der Anzeige auf dem Höhenmesser zuzuschauen. Kurz nach dem Start müssen wir durch einige, in dieser Gegend typische Wolkenberge fliegen. Dabei erlebe ich einen weiteren Vorteil des Riesen-Airbus: Turbulenzen fühlen sich in der Kabine wegen der großen, elastischen Flügel weit weniger unangenehm an, als in anderen Großraumflugzeugen. Nach 29 Minuten erreichen wir unsere Reiseflughöhe auf der Flugfläche 360, das sind rund 11.000 m.

Oben angekommen geht es für uns im Cockpit an die Routinearbeit. Wir prüfen alle Fluginstrumente. Dieser Arbeitsplatz über den Wolken kann sich wirklich sehen lassen und wird alle Piloten begeistern, dessen bin ich mir sicher.

Am Himalaya vorbei, den wir in der Nacht nur schemenhaft sehen können, geht es weiter in Richtung Westen. Der große Airbus brummt Vertrauen erweckend gleichmäßig vor sich hin, alle Systeme sind okay, der Treibstoffverbrauch liegt bei zwölf Tonnen pro Stunde. Im Linienverkehr wird die A380 nur rund drei Liter pro Passagier und 100 km verbrauchen.

Fast 14 Stunden sind wir unterwegs, als die schneebedeckten Alpen glitzernd im Sonnenlicht unter uns auftauchen. Wir verlassen unsere Reiseflughöhe und bereiten uns auf den Anflug auf Toulouse vor. Ich fühle mich in der A380 schon wie zu Hause, obwohl ich meine erste Landung mit dem Supervogel noch vor mir habe. In einer weiten Rechtskurve steuere ich die riesen Maschine auf die Landebahn 32 links in Toulouse zu. Die A380 dreht gutmütig ein, so als wollte sie mir bei diesem ersten Mal besonderes Vertrauen vermitteln. Mit dem Sidestick lässt sich das Flugzeug in dieser Phase phantastisch manövrieren. Direkt vor uns liegt nun die Bahn. Zum Schluss steigt der Puls doch noch einmal an. Die Bahn kommt schnell näher. Dann die Schwelle, die Aufsetzzone, die Gashebel ganz zurück auf Leerlauf, ich ziehe den Sidestick nach hinten, die Nase hebt sich und – wir schweben für ein paar Sekunden, dann sind die Räder am Boden, ich habe das mächtige Flugzeug sanft gelandet.

Ulrich Hohl
In seinem Flugbuch stehen 13.500 Flugstunden (April 2006). Mit 21 Jahren begann der in Böblingen geborene Ulrich Hohl seine fliegerische Laufbahn an der Verkehrsfliegerschule der Lufthansa in Bremen. Zwei Jahre später flog er als Erster Offizier auf der Boeing 737, schulte 1986 auf den Airbus A310 um, wurde 1992 Kapitän und später Leiter für das Flugtraining der Boeing 737-Flotte bei Lufthansa. Nach seiner Umschulung auf den Langstrecken-Airbus A340 entsandte Lufthansa Ulrich Hohl im April 2003 für das Projekt A380 zu Airbus nach Toulouse. Hier arbeitet der Lufthansa-Kapitän insbesondere an der Entwicklung von Flugverfahren und das Training für zukünftige A380-Piloten mit. Ulrich Hohl lebt jetzt mit seiner Frau und seinen drei Kindern in Toulouse.

Boeing und seine Flugzeuge

Die Boeing 737 ist eines der Erfolgsmodelle von Boeing. (Littek)

Boeing stattete die 777 mit einem Fly-by-Wire-System aus. (Littek)

Die Boeing 767-400. (Boeing)

Der US-Flugzeughersteller hat seinen Firmensitz in Chicago und beschäftigt mehr als 150.000 Menschen in den Vereinigten Staaten und weltweit 70 Ländern. Boeing ist grundsätzlich in zwei Geschäftsbereiche organisiert: Sie heißen Boeing Commercial Airplanes und Boeing Integrated Defense Systems. Ganz ähnlich wie beim europäischen EADS-Konzern findet sich also eine Aufteilung in die Bereiche Militärtechnik und zivile Verkehrsflugzeuge. Bei den angebotenen Flugzeugmustern lässt sich eine ganz ähnliche Struktur wie bei Airbus beobachten. Basisbaureihe bei Boeing ist die 737-Familie. Sie besteht heute aus den Modellen 737-600, -700, -800 und -900. Bei den Flugzeugen handelt es sich um Narrow-Bodies. Kleinstes Modell ist die 737-600, die in einer Zweiklassen-Konfiguration 110 Passagieren Platz bietet. Größter Typ ist die -900ER mit einer Kapazität von 180 Fluggästen in Zweiklassen-Konfiguration. Die Maschinen dieser Flugzeugfamilie kommen vor allem auf Kurz- und Mittelstrecken zum Einsatz. Schon sehr viel größer sind die Maschinen der 767-Reihe. Bei diesen Maschinen handelt es sich um Wide-Bodies, von der Boeing heute die Versionen -200ER, -300ER und -400ER anbietet. Dazu kommt noch ein Frachter. Die -200ER verfügt in Zweiklassenkonfiguration über 224 Plätze, in der -400ER sind es 304. Noch einmal deutlich größer sind die Flugzeuge der 777-Familie. Die Boeing 777-200 bietet, ausge-

Eine Boeing 747-400 über Südafrika. (SAA)

stattet mit Bestuhlung für zwei Klassen, bis zu 440 Passagieren Platz. In der 777-300 können bis zu 550 Fluggäste untergebracht werden. Die Boeing 777 absolvierte am 12. Juni 1994 ihren Jungfernflug und ist das erste Verkehrsflugzeug, bei dem Boeing Fly-By-Wire einsetzte. Das ist beim Jumbo-Jet, der Boeing 747, nicht der Fall. Das aktuelle Modell ist heute die 747-400. Eine Weiterentwicklung, die 747-8, ist bei Boeing in Arbeit. In einer Zweiklassen-Konfiguration bietet die 747 in der Version -400ER heute 524 Passagieren Platz. Neben diesen aktuellen Modell entwickelt Boeing – ähnlich Airbus – ein Flugzeug, das hinsichtlich Effizienz und Sparsamkeit neue Maßstäbe setzen soll. Die Rede ist von der Boeing 787, die nach den aktuellen Planungen in drei Varianten, als -3, -8 und -9 auf den Markt kommen soll. Während bei der -8 das Sitzplatzangebot 210 bis 250 Plätze umfassen wird, sind es bei der -3 bis zu 330 Sitze.

Flughäfen

Die größten Flughäfen der Welt

Der internationale Flughafen von Atlanta, USA, führt seit vielen Jahren die Rangliste der größten Flughäfen der Welt an. Atlanta ist der Airport mit der größten Zahl von Fluggästen. Gleichzeitig starten und landen auf diesem Flughafen pro Jahr so viele Verkehrsflugzeuge wie auf keinem anderen Flughafen der Welt. Auch auf dem zweiten Platz rangiert mit Chicago ein US-Flughafen. Bis weit in die 90er-Jahre hinein belegte der Flughafen der Metropole im Norden der Vereinigten Staaten Jahr für Jahr souverän den ersten Platz, bevor dann Atlanta die Führungsrolle übernahm. Auf dem dritten Platz ist dann auch schon mit London Heathrow der größte europäische Flughafen zu finden. Mit Paris, Frankfurt, Amsterdam und Madrid befinden sich vier weitere Airports aus Europa unter den Top 20 der Welt, wenn es nach der Zahl der abgefertigten Fluggäste geht. Unter den asiatischen Flughäfen fällt vor allem der Airport Tokio auf, der weltweit – gemessen an der Zahl der Passagiere – der viertgrößte Airport der Welt ist, während Peking, Hongkong und Bangkok im unteren Drittel des Rankings zu finden sind. Ein völlig anderes Bild ergibt sich beim Blick auf die Größe der Flughäfen hin-

Der Flughafen von Hongkong liegt derzeit auf dem 16. Rang bei der Zahl der Passagiere. (Archiv Littek)

sichtlich des Frachtaufkommens. Hier sind Namen in der Tabelle zu finden, die sicher nicht jeder unter den Top 20 der Flughäfen vermutet hätte. Memphis ist ein solcher Airport. Dabei ist der Grund für das hohe Frachtaufkommen ganz einfach. Memphis ist ein Hauptdrehkreuz des US-Transportdienstleisters Fedex. Und da fällt natürlich eine entsprechend große Menge Fracht an.

Der Flughafen Frankfurt/Main gehört zu den größten Airports der Welt. (Fraport)

Die größten Flughäfen der Welt nach der Zahl der Fluggäste im Gesamtluftverkehr 2005

Rang	Flughafen	Fluggäste (Tsd.)
1	Atlanta	85.907
2	Chicago (ORD)	76.510
3	London (LHR)	67.915
4	Tokio (HND)	63.282
5	Los Angeles	61.485
6	Dallas	59.064
7	Paris (CDG)	53.756

8	Frankfurt	52.219
9	Las Vegas	44.280
10	Amsterdam	44.163
11	Denver	43.307
12	Madrid	41.940
13	Phoenix	41.204
14	Peking	40.990
15	New York (JFK)	40.584
16	Hong Kong	40.282
17	Houston	39.714
18	Bangkok	38.985
19	Minneapolis	37.563
20	Detroit	36.374

Die größten Flughäfen der Welt nach dem Frachtaufkommen 2005

Rang	Flughafen	Flugbewegungen (Tsd.)
1	Atlanta	980
2	Chicago (ORD)	972
3	Dallas-Ft.Worth	712
4	Los Angeles	651
5	Las Vegas	605
6	Houston	563
7	Denver	559
8	Phoenix	555
9	Philadelphia	536
10	Minneapolis	532
11	Paris (CDG)	523
12	Detroit	522
13	Charlotte	522
14	Washington (IAD)	509
15	Cincinnati	496
16	Frankfurt	490
17	London (LHR)	478
18	New York (EWR)	455
19	Salt Lake City	437
20	Amsterdam	421

Die größten Flughäfen der Welt nach der Zahl der Flugbewegungen
im gewerblichen Gesamtluftverkehr 2005

Rang	Flughafen	Flugbewegungen (Tsd.)
1	Atlanta	980
2	Chicago (ORD)	972
3	Dallas-Ft.Worth	712
4	Los Angeles	651
5	Las Vegas	605
6	Houston	563
7	Denver	559
8	Phoenix	555
9	Philadelphia	536
10	Minneapolis	532
11	Paris (CDG)	523
12	Detroit	522
13	Charlotte	522
14	Washington (IAD)	509
15	Cincinnati	496
16	Frankfurt	490
17	London (LHR)	478
18	New York (EWR)	455
19	Salt Lake City	437
20	Amsterdam	421

Über 60 km lang: das Gepäcksystem auf internationalen Großflughäfen

Reibungslos, zuverlässig und für den Passagier weitgehend unsichtbar: Mit diesen einfachen Worten lässt sich recht treffend eine der effizientesten Dienstleistungen auf internationalen Großflughäfen beschrieben: das Gepäckbeförderungssystem. Der Fluggast nimmt es meist nur beim Abgeben der Koffer vor einem Flug und dann, wenn er diese wieder am Zielort vom Förderband holt, zur Kenntnis. Gerade die Unauffälligkeit des Systems ist natürlich auch ein Beleg dafür, wie ausgereift und zuverlässig es letztlich funktioniert.

Auf dem Frankfurter Flughafen haben die Gepäckbänder eine Länge von mehr als 67 km und werden von Insidern gern als die längste Achterbahn der Welt bezeichnet. Sie befördern das Gepäck von umsteigenden Passagieren computergesteuert in garantierten

45 Minuten von einem Flugzeug zum nächsten. Über 1.100.000 Gepäckstücke werden an Spitzenzeiten an einem Tag befördert. Pro Stunde sind es dann bis zu 18.000 Gepäckstücke. Grundsätzlich hat das Gepäckfördersystem in einem Airport die Aufgabe, die Koffer der ankommenden, abfliegenden und umsteigenden Passagiere zu sortieren und zu befördern. Beim Gepäck unterscheidet man zwischen Ankunftsgepäck, das von einem gelandeten Flugzeug möglichst schnell an wartenden Passagiere ausgegeben werden muss, Abfluggepäck, dass den umgekehrten Weg vom Passagier zum Flugzeug nimmt und Umsteigergepäck, das der Passagier nicht zu Gesicht bekommt, während es der Flughafen von einem Flugzeug zum anderen befördert. Neben den üblichen Koffern und Reisetaschen wird in den Fördersystemen der Flughäfen häufig auch sperriges Gepäck wie Kinderwagen, Fahrräder oder Surfbretter transportiert.

Blick in das Gepäckfördersystem des Frankfurter Flughafens. (Fraport)

Über ein Rollband werden diese Koffer in den Rumpf eines Airbus A320 befördert. (Littek)

Der Weg allen Gepäcks durch eine solche Anlage beginnt natürlich beim Einchecken. Gibt der Passagier sein Abfluggepäck auf, wird an diesem zunächst ein so genannter »Tag« befestigt. Dieser Papierstreifen enthält Angaben wie die Flugnummer, die Anschlussflugnummer bei Umsteigergepäck, Destinationen und eine individuelle Nummer des Gepäckstücks. Anschließend wird die Reisetasche oder der Koffer in einen standardisierten, wannenähnlichen Plastikbehälter gelegt, der zur Förderanlage gehört. Jede dieser Plastikwannen ist an ihrem Rahmen mit einer maschinenlesbaren codierten Nummer ausgestattet. Auf dem Förderband, über das der Koffer in seinem Behälter anschließend läuft, gibt es an vielen Punkten Lesestellen. Der Nummerncode des daran vorbeilaufenden Behälters wird auf dieser Weise an verschiedenen Stellen im Fördersystem wieder und wieder registriert. Aus der Kombination der Behälternummer mit der Flugnummer des Gepäckstücks, die in die Anlage eingegeben wird, lässt sich der Koffer oder die Reisetasche auf der Förderanlage identifizieren und steuern. Ist das Gepäck sperrig, stehen gesonderte, besonders breite Förderbänder zur Verfügung. Grundsätzlich ist das Ziel des Gepäcks eine Entnahmestelle. Im Idealfall kann es von dort sofort in ein Flugzeug verladen werden. Das kommt aber in der Praxis eher selten vor. Häufig steht das Flugzeug noch gar nicht zur Beladung bereit, wenn die Passagiere ihr Gepäck aufgeben. Dann wird das aufgegebene Gepäck so lange im Transportsystem »gespeichert«, bis es zur Verladung aufgerufen wird. Dafür gibt es »Gepäckspeicher«, bei denen es sich um separate, umlaufende Transportbahnen handelt. In dieses Speichersystem speist der Steuercomputer des Fördersystems die Koffer in ihren Plastikwannen ein. Dieses geschieht über Weichen, die der Steuercomputer entsprechend einstellt. Lesegeräte erfassen auch im Speichersystem regelmäßig alle Behälter. Steht ein Flugzeug zur Beladung bereit, erfolgt eine entsprechende Eingabe am Computer. Von diesem Moment an stellt das Transportsystem im Gepäckspeicher nun für jeden Koffer des zu beladenen Flugzeugs eine Weiche so um, dass der Koffer wieder in das Hauptsystem zurückgespeist wird. Von hier aus erfolgt die Weiterleitung zur Entnahmestelle. Viele Flugzeuge müssen zusätzlich auch noch mit Umsteigergepäck beladen werden. Dabei besteht häufig Zeitdruck. Bei einer garantierten Umsteigezeit von 45 Minuten muss der Transport von Koffern, Taschen, Surfbrettern, Kinderwagen und Fahrrädern sehr effektiv erfolgen. Von den 45 Minuten, die zur Verfügung stehen, müssen jeweils 15 Minuten für das Ent- und Beladen der Flugzeuge angesetzt werden, sodass nur 15 Minuten für die Beförderung und Sortierung im Transportsystem verbleiben. Solch eilig zu befördernde Gepäckstücke sind heute auf Großflughäfen keine Einzelfälle, sondern eher die Regel. Dass eine eingehende Maschine Gepäckstücke für rund 30 weiterführende Flugzeuge an Bord hat, kommt dabei durchaus vor. Je nach Flugzeugtyp können die Gepäckstücke in Containern, auf Paletten oder auch lose verladen werden. In Narrow-Bodies – Flugzeugen mit schmalem Rumpf – ist die lose Verladung der Koffer häufig zu sehen. Sie wird manuell, unter Zuhilfenahme eines Förderbandes durchgeführt. In Wide-Bodies – Großraumflugzeugen – kommen häufig Container, selten auch Paletten, zum Einsatz. Die Container oder Paletten werden manuell beladen und mit speziellen Transportfahrzeugen zum Flugzeug befördert. Im Flugzeug selbst erfolgt die Positionierung der Behälter je nach Flugzeug und der Ausstattung, wie sie die Airline gewählt hat, vollautomatisch oder auch manuell. Ein

In der Mittagshitze wird es auf dem Beton des Flughafens von Amman in Jordanien unerträglich heiß. Da sind die Ladehelfer an dieser A320 dankbar für eine kleine Pause. (Littek)

typischer Container, in dem häufig Gepäck befördert wird, ist der so genannte LD-3-Container. LD-3-Container sind von ihrer Form her speziell für den Unterflurbereich der Flugzeuge ausgelegt. Ein LD-3 fasst ungefähr 40 Gepäckstücke. Werden bei der Beladung Container oder Paletten verwandt, erfolgt die Bepackung so, dass auf dem folgenden Flughafen eine möglichst effektive Weiterleitung möglich ist. So kann bei einem Flug von Paris nach Chicago das Gepäck der umsteigenden Passagiere, die weiter nach Los Angeles fliegen, in einem gesonderten Container zusammengefasst sein. Die Ausgabe des Gepäcks von ankommenden Flugzeugen funktioniert etwas einfacher. Zunächst werden Koffer und Taschen aus der Maschine ausgeladen und dabei bereits nach Ankunfts- und Umsteigergepäck getrennt. Das Ankunftsgepäck wird zur Ankunftshalle befördert und dort den Gepäckausgabebändern zugeführt. Hier holen es die Passagiere ab. Bei einem Großraumflugzeug dauert es von der Ankunft der Maschine bis zur Bereitstellung des Gepäcks zwischen 20 und 25 Minuten. Bei einer Schmalrumpfmaschine müssen die Passagiere 15–20 Minuten kalkulieren. Gepäck, das kein Passagier abholt, wird in ein so genanntes 24-Stunden-Lager gebracht. Ist es nach Ablauf dieser Zeitspanne immer noch von keinem Passagier in Empfang genommen worden, erfolgt die Weiterleitung in das Zollgepäcksammellager. Dort erfassen es die Mitarbeiter in einer Datenbank, womit die Daten für die weltweite Recherche zur Verfügung stehen.

Tankwagen haben kaum eine Bedeutung: das Kerosinsystem am Flughafen

Wohl jeder Passagier hat schon einmal aus dem Flugzeugfenster auf dem Vorfeld eines Flughafens Tankfahrzeuge gesehen, die zusammen mit den Cateringfahrzeugen und Bussen zu den auffälligsten Bodenfahrzeugen auf einem Flughafen gehören. Die Tankfahrzeuge haben natürlich die Aufgabe, Kraftstoff in die Flugzeugtanks zu leiten. Das aber tun sie meist ganz anders, als das die meisten Passagiere vermuten würden. Die Tanklastwagen dienen auf den meisten Flughäfen der Welt nur als Pumpstation für den Kraftstoff. Sie befördern ihn also nicht. Der Grund ist ganz einfach: Eine Boeing 747 kann zum Beispiel mit 173 Tonnen Kraftstoff betankt werden. Die Betankung mit Tankwagen wäre da viel zu zeitraubend und logistisch fast unmöglich. Wo aber kommt der Kraftstoff her, wenn er sich nicht im Tankwagen befindet? Er wird in unterirdischen Tanks unter dem Beton der

Betankung auf dem Frankfurter Flughafen. Deutlich ist der Schlauch zu sehen, der vom Anschluss im Flughafenvorfeld zum Pumpwagen führt. (Littek)

Auch auf dem Flughafen von Amman in Jordanien wird das Kerosin aus dem Untergrund des Vorfelds in die Maschinen gepumpt. (Littek)

Abstellfläche des Flughafens oder in oberirdischen Tanks gelagert. Von den Tanks führt dann ein weitverzweigtes Rohrsystem unter dem Boden des Flughafens zu den Abstellpositionen der Flugzeuge. Entsprechend sind an den Flugzeugpositionen überall auf dem Vorfeld Tankanschlüsse installiert. Die Pumpfahrzeuge verbinden diese Tankanschlüsse mit dem Flugzeug. Sie können bis zu 3600 Liter pro Minute in die Flugzeugtanks pumpen. Nur wenn Flugzeuge auf entlegenen Vorfeldpositionen abgestellt werden, kommen auch »echte« Tankfahrzeuge zum Einsatz, die in ihren Anhängern Flugzeugkraftstoff befördern. Getankt wird Kerosin. Es hat große Ähnlichkeit mit Petroleum und wird aus Erdöl gewonnen. Wird ein Flugzeug betankt, erfolgt die Bemessung weltweit mit unterschiedlichen Maßeinheiten. In Deutschland bemisst man den Treibstoff nach Litern, in Großbritannien in Imperial Gallons (4,5 Liter) und in den USA in US-Gallons, die 3,785 Litern entsprechen. Beim Tanken ist es nicht üblich, die Flugzeuge jedes Mal vollzutanken. Normalerweise führt eine Maschine nur die Menge an Treibstoff mit, die – zuzüglich einer Reserve – für den Flug benötigt wird. Der Grund: das Kerosin bildet ein erhebliches Mehrgewicht

Der Tankzapfen wird an der Tragfläche der Maschine angeschlossen. (Littek)

und erhöht dadurch den Verbrauch. Das aber schadet der Umwelt. Außerdem kostet es die Airlines Geld. Nur in Ausnahmefällen führt eine Maschine Kerosin über die benötige Menge und die Sicherheitsreserve hinaus mit. Dann kann zum Beispiel dann der Fall sein, wenn der Kraftstoff am Zielflughafen übermäßig teuer ist oder die Sicherheit das verlangt. So waren zum Beispiel in der Nacht vom 31.12.1999 auf 01.01.2000 weltweit die Maschinen vieler Fluggesellschaften vollgetankt unterwegs, weil man aufgrund des Jahreswechsels Probleme für möglich hielt und auf alle Eventualitäten vorbereitet sein wollte. Zur Sicherheit wird beim Betanken ein Erdungskabel vom Tankfahrzeug an das Flugzeug angeschlossen. Dadurch werden gefährliche statische Aufladungen beim Tanken verhindert.

Anordnung der Tanks im Flugzeug

137 Tonnen Kerosin kann eine Boeing 777-200 aufnehmen. Dafür ist die Maschine mit verschiedenen, miteinander verbundenen Tanks ausgerüstet. Zwei Tanks haben ihren Platz in den Tragflächen der Maschine. Jeder dieser beiden Kraftstoffbehälter hat ein Fassungsvermögen von 29 Tonnen. Ein weiterer Tank befindet sich im Rumpf der Maschine, unter dem Passagierraum auf Höhe der Tragfläche. Das ist der Mitteltank. Er verfügt über ein Fassungsvermögen von 79 Tonnen. Dieser Mitteltank kommt immer erst dann zum Einsatz, wenn für einen Flug Treibstoffmengen von über 58 Tonnen nötig sind. Ist das nicht der Fall, werden zunächst erst die Tragflächentanks genutzt. Bei einem Flug über den Atlantik zwischen USA und Europa fliegen die meisten Langstreckenmaschinen mit gefüllten Tragflächentanks. Der Mitteltank ist zumeist leer oder nur zu einem Teil gefüllt – je nach Flugzeugtyp. Der Grund für dieses Verfahren: Während des Flugs biegt der Auftrieb die Tragflächen nach oben. Durch das nach unten gerichtete Gewicht der Triebwerke und des Kraftstoffs ist eine Gegenkraft vorhanden, die es dem Flugzeughersteller ermöglicht, die Tragfläche von der grundsätzlichen Auslegung her weniger stark und damit etwas leichter zu bauen, als das ohne das Kerosin nötig wäre.

Recht komplex ist die Treibstoffplanung für einen Flug. Beispiel: Der Flug einer Boeing 777-200 von London nach Atlanta. Die Treibstoffplanung ist natürlich aufgrund der

Wetterbedingungen und des Gewichts der Maschine bei jedem Flug individuell. In diesem Fall sieht sie so aus, dass die Besatzung die Mitnahme von 68.260 kg Kerosin für die Reise plant. Für den bloßen Reiseflug kalkulieren die Piloten 58.413 kg. Damit kann die Maschine acht Stunden und 51 Minuten fliegen. Dazu kommt eine Reserve, die von den Piloten so gewählt wird, dass der sichere Flug zu einem Ausweichflughafen – in diesem Fall Charlotte in North Carolina – möglich ist. Schließlich besteht immer die Möglichkeit, dass der Flughafen von Atlanta aus Wettergründen oder wegen eines Notfalls geschlossen wird. Die Reserve für den Flug zum Ausweichflughafen beträgt 4800 kg. Als Zusatzreserve plant die Crew 2659 kg Kerosin ein. Damit kann die Maschine weitere 30 Minuten in der Luft bleiben, wenn zum Beispiel Warteschleifen geflogen werden müssen. Und für alle Fälle entscheidet der Kapitän darüber hinaus, nochmals 1748 kg zusätzlichen Kraftstoff mitzuführen. 640 kg kalkuliert die Besatzung außerdem für das Rollen auf dem Flughafen zur Startbahn.

Fuel Dumping

Die großen Flughäfen in aller Welt registrieren immer wieder Anfragen besorgter Bürger, die melden, dass schon wieder ein Flugzeug am Himmel über ihnen Kraftstoff abgelassen habe. Die entsprechenden Anfragen sind mit dem wachsenden Umweltbewusstsein der Menschen gestiegen. Kaum jemals wird dabei aber tatsächlich ein »Fuel Dumping«, wie das Ablassen von Kerosin fachsprachlich genannt wird, beobachtet. Denn es ist so selten, dass viele Piloten es niemals in ihrem ganzen Fliegerleben durchführen. Denn Fuel Dumping ist eine absolute Notfallmaßnahme. Verkehrsmaschinen haben in der Regel ein Startgewicht, das deutlich über dem zulässigen Landegewicht liegt. Beispiel: Bei einer Boeing 747-400 mit CF6-80C2B1F-Triebwerken von General Electric beträgt das Startgewicht 385,6 Tonnen. Das maximale Landegewicht dieser Maschine liegt hingegen bei 285,8 Tonnen. Ursache für den Gewichtsunterschied ist das Kerosin in den Tanks. Während des Flugs verbraucht ein Flugzeug so viel Kerosin, dass es bei der Landung erheblich leichter geworden ist. Das bedeutet aber auch, dass eine Maschine unmittelbar nach dem Start nicht sofort einfach wieder landen kann, da das Gewicht in diesem Moment noch viel zu hoch ist. Auf einer normalen Flugreise verbraucht die Maschine bis zum Zielort natürlich soviel Kraftstoff, dass sie am Zielort im Rahmen des maximal möglichen Landegewichts aufsetzen kann. Ein Problem entsteht aber dann, wenn kurz nach dem Start ein Notfall auftritt, so dass ein Flugzeug sofort wieder landen muss. Dann muss die Crew zunächst schnell das Gewicht der Maschine reduzieren. Genau das passiert mit dem Fuel Dumping. Hierzu werden Ventile geöffnet, die sich am hinteren Ende der Tragflächen befinden, um den Treibstoff ausströmen zu lassen. In der Regel können so bis zu zwei Tonnen Kraftstoff pro Minute abgelassen werden.

Verpflegung auf langen und kurzen Flügen: das Catering

Frisch aus dem Ofen: Croissants bei Royal Jordanian Catering Services. (Littek)

Endlich, es ist geschafft: Der Check-in ist überstanden, das Flugzeug gestartet und man ist endlich unterwegs. Genüsslich lehnt sich der Passagier in seinem Sitz zurück, nippt am Getränk, das ihm die Stewardess gereicht hat, und ist vielleicht in Gedanken schon am Reiseziel. Während des Flugs serviert die Crew ein Tablett, wie man es schon häufig gesehen hat: mit Vorspeise, Hauptgang, Dessert und eventuell einer kleinen Praline zum Kaffee. Dazu Salz, Pfeffer, eine Serviette und Besteck.

Doch wer hat sich schonmal darüber Gedanken gemacht, wie das alles an Bord kommt? Welche Handgriffe nötig sind, um ein Flugzeug mit allem Notwendigen zu beladen? Nehmen wir uns einmal etwas Zeit und gehen durch einen typischen Cateringbetrieb von LSG Sky Chefs, von dem die Linienflugzeuge beliefert werden.

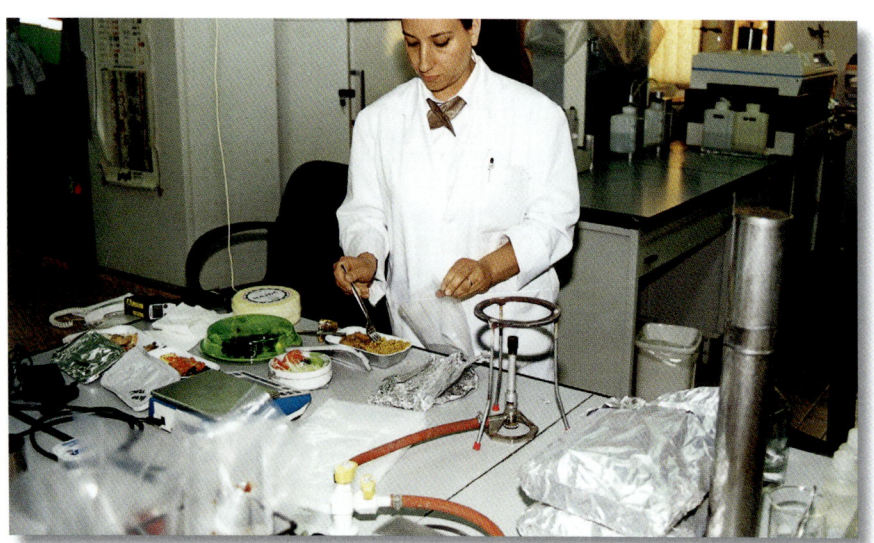

Die im Cateringbetrieb zubereiteten Speisen unterliegen einer ständigen Qualitätskontrolle. (Littek)

Zusammenstellung der Speisen. (Littek)

Montag früh, 5:00 Uhr: Die Lichter in den Produktionshallen von LSG Sky Chefs am Frankfurter Flughafen brennen schon lange. Die Frühschicht bereitet sich auf den neuen Tag vor. In den klimatisierten Räumen sind die Mitarbeiter der Vorproduktion dabei, alles für ihre Kollegen von der kalten und warmen Küche bereitzustellen. Tomaten werden nach Vorgabe in Scheiben geschnitten, geviertelt oder püriert. Alle erdenklichen Wurst- und Käsesorten werden in der automatischen Schneidemaschine grammgenau in Scheiben geschnitten. In großen Edelstahlwannen wartet bereits geputzter Salat auf weitere Verarbeitung. Ein überdimensionaler Rührbesen rührt – wie von Geisterhand gesteuert – Mousse au Chocolat.

Im Bereich »Equipmentreinigung« wird derweil von gelandeten Flugzeugen hereinkommendes Geschirr getrennt nach Porzellan, Glas, Bestecken und anderen Kriterien gespült, in Wannen gestapelt und in die entsprechenden Bereiche gebracht, wo es für den nächsten Flug wieder verwendet werden kann. Die Business und First Class

Frische Zutaten machen einen großen Teil der Speisen im Catering aus – hier beim Royal Jordanian Catering. (Littek)

Bestecke werden zuvor noch von Hand poliert und in eine Airline-Serviette gewickelt. Täglich laufen hier 28.000 Tassen, 89.500 Besteckteile, 114.000 Teller und Schalen sowie 69.500 Gläser über die Spülbänder, werden 1300 Trolleys gereinigt. Der Müll wird von den Tabletts in Container abgesaugt, die täglich abgeholt und zur Müllverbrennungsanlage gefahren werden.

Gegen 6:00 Uhr herrscht im Wareneingang von LSG Sky Chefs dann Hochbetrieb. Palettenweise kommt Produktionsnachschub an: frisches Obst und Gemüse direkt vom Großmarkt, Fleisch- und Wurstprodukte, frischer Fisch und vieles mehr. Später folgen Getränkedosen, Nudeln, Reis, Küchenpapier, Flugzeuggeschirr, Servietten, Konserven und anderes. Alles muss auf seine Qualität hin kontrolliert und zum Teil auch nachgewogen werden, bevor es in die entsprechenden Kühlhäuser oder Lagerräume gebracht wird. Bis in den frühen Nachmittag sind die Mitarbeiter an der Rampe mit dieser Aufgabe beschäftigt.

Mittlerweile hat die so genannte »kalte Küche« mit der Vorbereitung der kalten Vorspeisenteller begonnen. Für jedes Gericht gibt es ein Spezifikationsblatt, auf dem genau abgebildet ist, welche Zutaten in welchen Mengen benötigt werden und wie diese auf dem Teller anzurichten sind. Nur so ist gewährleistet, dass jeder Teller gleich aussieht und auch jeder Passagier das gleiche Geschmackserlebnis hat. 45.000 Portionen Salat und Vorspeisen bereiten die LSG-Mitarbeiter allein in einem der beiden Frankfurter Betriebe täglich zu. Eine Anzahl, die neben Organisationstalent auch viel Zeitgespür und Flexibilität verlangt.

Catering auf dem Frankfurter Flughafen. (Lufthansa)

In der »warmen Küche« läuft derweil die Bratstra-
ße auf vollen Touren. Steaks, Bratwürste, Fischfi-
lets und Putenschnitzel können hier nacheinander auf dem selbstreinigenden Teflonfließband
punktgenau angebraten werden. In überdimen-
sionalen Kochtöpfen blubbert das Nudelwas-
ser, nebenan bereitet ein Koch 100 Portionen
Gemüsepfanne zu. Im Anschluss müssen die
gekochten Gerichte sofort heruntergekühlt werden. Innerhalb von vier Stunden sollen warme
Lebensmittel die »kritische Temperaturzone« von
+60°C auf +5°C durchschreiten. Hierfür gibt es
so genannte »Blast Chiller«, die eiskalten Wind
auf die Gerichte blasen und so für schnelles Ab-
kühlen sorgen. Diese Maßnahme entspricht den
strengen Hygienevorgaben, denen ein Cateringbetrieb unterliegt. Dieser Abkühlprozess wird
daher auch genau dokumentiert und bei den
regelmäßigen Qualitätskontrollen überprüft. Die
abgekühlten Speisen werden dann auf Tellern
portioniert und angerichtet und in Flugzeugo-

*Dieser Airbus A310 der Fluggesellschaft Royal
Jordanian erhält auf dem Flughafen Amman Ver-
pflegung für den anstehenden Flug nach London.
(Littek)*

Ergebnis der Kochkunst: So kann ein leckeres Essen im Flugzeug aussehen. (Archiv Littek)

feneinsätzen bereitgestellt, in denen sie auch an Bord gebracht werden.

Im großen Equipmentlager von LSG Sky Chefs wird zwischenzeitlich das im Flugzeug benötigte Equipment wie First Class-Geschirr, Decken, Kissen, Babyartikel, Menükarten, Erste-Hilfe-Kasten usw. gepackt und rechtzeitig zur Rampe gebracht. An den entsprechenden Stationen des Zolllagers ist ebenfalls Packen angesagt: Spirituosen, Soft Drinks, Zigaretten, Parfüms, Uhren usw. werden hier mittels Computer erfasst und in die Trolleys verladen. Eine Plombe garantiert, dass der Trolley erst an Bord von der Crew geöffnet werden kann. Nachdem die kalte Küche und die Equipmentreinigung alle für den jeweiligen Flug benötigten Teile und Produkte angeliefert haben, folgt in der Endfertigung die Zusammenfügung. An modernen Arbeitsstationen werden nach Kundenvorgabe Teller, Bestecke, Gläser, Vorspeisen, Brötchen, Pralinenschachteln und anderes auf Tabletts angerichtet. Ein Tablett muss hierbei auch wieder wie das andere aussehen. 30000 Tabletts werden täglich allein in einem der beiden Frankfurter LSG Sky Chefs Betriebe ausgedeckt.

Voraussetzung für den reibungslosen Ablauf aller Cateringprozesse ist eine perfekte Logistik. Und die beginnt in der »Leitzentrale«: An- und Abflüge werden registriert, Passagierzahlen überprüft, Sonderbestellungen aufgenommen. Diese werden an die einzelnen Produktionsleitstände und von dort an die einzelnen Arbeitsstationen weitergeleitet. Den Flugplan einhalten ist oberstes Ziel. Wenn nun alle Bereiche ihr Material (Mahlzeiten, Equipment, Getränke, Zeitungen, Bordverkaufstrolleys und vieles andere an der Rampe angeliefert haben, prüft der Catering Agent ein letztes Mal, ob der Kundenauftrag vollständig ausgeführt wurde. Dann erhält der Hubwagenfahrer das »Go« von der Einsatzzentrale. Er bringt die Lieferung zum Flugzeug und übergibt diese an die Crew. Bis zu 60.000 Einzelteile werden pro Flugzeug beladen. Ein Jumbo 747-400 benötigt beispielsweise 114 Behälter, 102 Trolleys und 18 Öfen. Diese Fracht wiegt insgesamt schon 5000 kg.

Bei LSG Sky Chefs in Frankfurt wird in drei Schichten rund um die Uhr gearbeitet. Der internationale Cateringbetrieb am Terminal 2 des Frankfurter Flughafens beschäftigt derzeit 1600 Mitarbeiter aus 76 Nationen. 120 Flugzeugbeladungen werden täglich bei rund 45 unterschiedlichen Airlines vorgenommen. Der zweite Betrieb versorgt ausschließlich Flüge des Lufthansa-Konzernverbunds. Hier arbeiten sogar 2330 Mitarbeiter und produzieren an Spitzentagen bis zu 70.000 Mahlzeiten am Tag. Weltweit sorgen rund 190 LSG Sky Chefs-Betriebe dafür, dass die Passagiere an Bord der 260 Airlines einen exzellenten Service genießen können.

Die Verbrauchsmengen von allen 19 deutschen LSG Sky Chefs Betrieben 2005	
Kaviar	7,1 t
Lachs	68,5 t
davon Räucherlachs	51,4 t
Hummer	3,4 t
Garnelen	71,0 t
Langusten	6,5 t
Krabben/Krebse	12,6 t
Rinderfilet	64,7 t
Rinderkeule	6,2 t
Rinderhüfte	14,4 t
Roastbeef	12,0 t
Geflügel (frisch/TK)	391,4 t
Butter	554,8 t
Milch	769600 l
Käse	1161 t
Fruchtjoghurt Mio. Becher	10,2
Brötchen in Mio. Stück (Zukauf)	19,6
Brötchen in Mio. Stück (Eigenfertigung)	45,0
Frischobst	1.166 t
Frischgemüse	1.406 t
Wasser Mio. Flaschen/Dosen	11,6
Limonadengetränke Mio. Flaschen/Dosen	13,1
Kaffee	339,8 t
Tee Mio. Teebeutel	12,9
Champagner Mio. Flaschen	0,2
Sekt Mio. Flaschen	1,4
Wein Mio. Flaschen	4,7
Bier Mio. Dosen/Flaschen	6,9

In Sekunden am Brandherd: die Flughafenfeuerwehr

Ein Feuer an Bord gehört zu den Horrorszenarien einer jeder Flugzeugbesatzung. In der Vergangenheit führten Brände schon einige Male zu Luftfahrtkatastrophen. Ein Beispiel ist der Absturz einer MD-11 der Fluggesellschaft Swissair am 2. September 1998 vor der kanadischen Küste bei Halifax. 215 Passagiere und 14 Besatzungsmitglieder starben bei diesem Unglück. Kurz zuvor hatten die Piloten starke Rauchentwicklung im Cockpit gemeldet.

Bei einem solchen Fall kann natürlich keine Feuerwehr der Welt helfen. Wenn der Besatzung eines brennenden Flugzeugs aber noch eine Notlandung auf einem Flughafen gelingt, entscheidet die Leistungsfähigkeit der dort stationierten Feuerwehr in wenigen Minuten über Leben und Tod.

Um Mindeststandards unter den Flughäfen zu gewährleisten, gibt die internationale Zivilluftfahrtorganisation ICAO grundsätzliche Bedingungen für die Arbeit der Feuer-

Feuerwehrfahrzeug auf dem Vorfeld in Frankfurt/Main. (Littek)

Damit die Feuerwehr im Notfall optimal eingreifen kann, ist entsprechende Schutzkleidung unentbehrlich. (Fraport)

wehr vor. Internationale Verkehrsflughäfen müssen demnach ständig mindestens auf drei Fahrzeuge verteilt 24.300 Liter Wasser und 450 kg Löschpulver vorhalten und pro Minute mindestens 9000 Liter Löschmittel ausstoßen können. Schnelligkeit hat für die Feuerwehr allergrößte Priorität. Die Feuerwehrfahrzeuge müssen nach einem Alarm innerhalb von 22 Sekunden die Wache verlassen und nach spätestens drei Minuten mit den Löscharbeiten begonnen haben. Die Zeit hat deshalb so große Bedeutung, weil ein Verkehrsflugzeug aufgrund des möglicherweise vorhandenen Kerosins in kürzester Zeit explosionsartig in Flammen aufgehen kann. Die Aluminium-Außenhaut eines Flugzeugs beginnt bei rund 480 °C zu schmelzen. Damit die Feuerwehr möglichst schnell am Katastrophenort ist, sind viele große Flughäfen deshalb mit mehreren Feuerwachen ausgerüstet – meist mittig zwischen den Start- und Landebahnen gelegen.

Die Mitarbeiter der Feuerwehren leisten in mehreren Schichten ständig Bereitschaftsdienst. Durch regelmäßige Übungen werden die Fähigkeiten auf aktuellem Stand gehalten. Daneben überprüfen die Feuerwehr-Mitarbeiter täglich Fahrzeuge und Ausrüstungen. Zu den Aufgaben gehören aber auch Arbeiten in Tischler- und Schlosserwerkstätten, Brandschutzkontrollen, Arbeiten im Rahmen des Winterdienstes, das Checken von Fluchtwegen auf dem Flughafen und die Ausbildung von Flughafenmitarbeitern sowie Kabinenpersonal.

Löschmittel

Hauptlöschmittel auf den Flughäfen ist synthetischer Schaum mit einer hohen Fließfähigkeit und sehr guten Löscheigenschaften. Als Zusatzlöschmittel kann Kohlendioxid eingesetzt werden. Kohlendioxid verdrängt bei einem Brand Sauerstoff, womit dem Feuer die Nahrungsgrundlage entzogen wird.

Landebahnbeschäumung

Wer kennt ihn nicht, den Schaumteppich, der in so mancher Hollywoodproduktion eingesetzt wird, um die Notlandung einer Maschine abzusichern. Er findet aber nur noch selten Anwendung. Die Schaumteppich dient dazu, bei einer notlandenden Maschine die Gefahr von Funkenbildung zu reduzieren, die durch auf dem Beton schleifende Metallteile möglich ist. In der Praxis ist es aber nicht möglich, ganze Landebahnen einzuschäumen. Das geht nur in Teilbereichen. Damit der Schaumteppich funktionieren kann, muss eine Maschine bei der Notlandung genau in diesen Bereich rutschen. Genau das funktioniert aber in der Praxis meist nicht. Notlandende Maschinen setzen meist nicht am idealen Aufsetzpunkt auf. Häufig kommen sie zum Beispiel von der Mittellinie ab. Aus diesem Grund wird heute kaum noch irgendwo auf der Welt ein Schaumteppich gelegt. Heute halten sich Feuerwehrfahrzeuge bei einer bevorstehenden Notlandung überall an der Landebahn bereit. So können sie bei der Landung sofort jeden aufflackernden Brand im Keim mit Löschmitteln bekämpfen.

Partner der Piloten:
Fluglotsen und Flugsicherung

An jedem Flughafen steht, für den Fluggast kaum zu übersehen, ein Tower. Hier arbeiten – so die landläufige Meinung – die Fluglotsen und überwachen den Luftverkehr. Das ist richtig, aber zugleich auch nur die halbe Wahrheit. Die Fluglotsen im Flughafentower nehmen tatsächlich Aufgaben der Luftverkehrskontrolle wahr. Ihr Arbeitsfeld erstreckt sich aber nur auf den abgegrenzten Bereich des Flughafenvorfelds sowie des Luftraums in unmittelbarer Nähe des Flughafens.

Eine startende Maschine wird an die Abflugkontrolle übergeben. Auf der anderen Seite übernimmt der Tower anfliegende Maschinen von der Anflugkontrolle. Und die dort arbeitenden Fluglotsen sitzen meist räumlich an ganz anderer Stelle als ihre Kollegen, die den Verkehr auf dem Vorfeld eines Flughafens überwachen. Im Reiseflug fliegen die Maschinen unter der Kontrolle und Überwachung der Bezirkskontrollstellen.

Für die Fluglotsen sind der Radarschirm und so genannte Kontrollstreifen wesentliche Arbeitsinstrumente. Auf dem Radarbildschirm können die einzelnen Maschinen als Lichtpunkte sichtbar gemacht werden. Dieses Primärradar genannte Gerät ist allerdings nicht besonders aussagekräftig. Das Sekundärradar ist viel informativer. Jedes Verkehrsflugzeug ist mit einem so genannten Transponder ausgestattet. Der Transponder kann Funksignale senden und empfangen. Empfängt er einen entsprechenden, vom Boden abgestrahlten Impuls, strahlt er selbst wiederum Informationen über den Flug aus. Diese Angaben erscheinen dann als Leuchtzeichen neben dem Flugzeugsymbol auf dem Radarschirm des Fluglotsen. Zu sehen ist dort dann zum Beispiel die Angabe DAL 27. Das steht für den Flug Delta Airlines 27. Darunter ist dann möglicherweise 230 und 380 zu le-

Der Tower des Flughafens von München. (Flughafen München)

Blick in den Tower des Münchener Flughafens. (DFS)

sen. Dabei handelt es sich um Höhen- und Geschwindigkeitsangaben. Die Maschine fliegt auf Flugfläche 230, also in einer Höhe von 23.000 Fuß und hat eine Geschwindigkeit von 380 Knoten. Per Funk erhält die Crew im Flugzeug von den Fluglotsen einen individuellen Transpondercode – Squawk genannt – mitgeteilt, den die Piloten anschließend auf dem entsprechenden Eingabegerät des Transponders einstellen. Die Angaben auf dem Radarschirm sind aber für die Arbeit der Flugsicherung noch nicht ausreichend. Sie brauchen noch Angaben über den geplanten Flugweg, den Start- und Zielort, die An- und Abflugzeiten und die Wirbelschleppenkategorie der jeweiligen Maschine. Diese Daten enthält der Flugplan. Im Kontrollzentrum liegt zu jedem zu bearbeitenden Flug ein Flugplan vor. Dieser muss allen Fluglotsen vom Abflug- bis zum Zielflughafen übermittelt werden. Aus den Daten dieses Flugplans kann der zuständige Fluglotse alle weiteren für ihn relevanten Daten entnehmen. Die für den Lotsen wichtigen Angaben werden dazu auf einem Kontrollstreifen in standardisierter Form zusammengefasst.

Der Fluglotse steckt den Kontrollstreifen nach Erhalt von oben in eine mit einem Rahmen versehene Metallplatte hinein. Darunter sind die Kontrollstreifen anderer Flüge angeordnet. Mit fortschreitender Zeitdauer »wandert« der Streifen des Flugs schließlich immer weiter auf der Metallplatte nach unten, bis er schließlich den Sektor verlässt.

Flugsicherung in der Praxis:
Einmal angenommen, eine Maschine von Fantasy Airlines unter der Flugnummer 27 startet auf einem großen Flughafen. Die Maschine wird nach Verlassen des Airports zunächst den Bereich der Abflugkontrolle passieren. Der bisher zuständige Lotse verabschiedet sich mit den Worten:
»Fantasy two-seven, climb to flight level niner-zero, contact radar 124,9.«
Übersetzt heißt das: »Fantasy zwei-sieben steigen sie auf Flugfläche 90 (das sind 9000 Fuß oder 3000 m) und rufen sie per Funk die Frequenz 124,9.« Die Aussprache »niner« statt nine ist Absicht. Dadurch soll möglichen Verwechselungen mit ähnlich klingenden Worten vorgebeugt werden. Der Pilot Not Flying des Fantasy-Flugs, der für den Funkverkehr zuständig ist, stellt jetzt am Funkgerät die gewünschte Frequenz ein. Zuvor wurde auf einer anderen Frequenz gefunkt. Ist die Einstellung vorgenommen, meldet er die Maschine an:
»Fantasy two-seven climbing to flight-level niner-zero.«
»Fantasy zwei-sieben im Steigflug auf Flugfläche 90.«
Der Fluglotse antwortet:
»Fantasy two-seven, identified.«
»Fantasy zwei-sieben, erkannt.«
Es ist möglich, dass der Flug jetzt ohne weitere Dialoge weitergeführt wird, bis der Lotse die Maschine an den nächsten Sektor übergibt. Ist ein Kontrollsektor durchflogen, verabschiedet der Lotse die Maschine:
»Fantasy two-seven, contact Bremen on 121,35 – tschüss.«
Abschiedgrüße oder auch Grußworte in der Landessprache haben dabei eine gewisse Tradition. Sie machen den anonymen Funkverkehr zumindest ein bisschen freundlicher.
Während des weiteren Flugverlaufs kann es sein, dass die Fantasy-Besatzung nachfragt, ob sie eine Abkürzung fliegen kann oder höher steigen darf, weil der Kerosinverbrauch in größeren Höhen abnimmt und der Flug damit für sie wirtschaftlicher wird. Die Anfrage lautet:
»Fantasy two-seven, request flight-level 330.«
Einen Moment später kann die Freigabe erfolgen:
»Fantasy two-seven, climb to flight-level 330.«

Optimales Verteilsystem: Hub and Spoke

Der Begriff Hub and Spoke – Nabe und Speiche – bezeichnet ein grundlegendes Prinzip im internationalen Luftverkehr, nach dem die großen Fluggesellschaften ihre Verkehre organisieren. Dabei fungiert ein großer internationaler Flughafen als Drehscheibe, an der Flugverbindungen aus aller Welt zusammenlaufen. Bei der Lufthansa hat zum Beispiel der Frankfurter Flughafen diese Funktion einer Drehscheibe. Bei Air France ist es Paris (CDG) und bei British Airways London-Heathrow. Bei vielen großen Airlines wird die Arbeit des Hub durch den Einsatz kleinerer Drehkreuze unterstützt. Für die Lufthansa nimmt der Flughafen München diese Aufgabe wahr. Das Prinzip besteht jeweils darin, die Passagiere von den verschiedenen kleineren Destinationen durch Zubringerflüge am Hub zu sammeln und vor dort zu einer anderen, weiter entfernt liegenden Drehscheibe zu fliegen, wo sie dann widerum »weiterverteilt« werden. Die Airlines haben durch die Einrichtung des Hub-Systems große Kostenvorteile. Außerdem wird durch die Zusammenführung der Passagierströme an großen Knotenpunkten eine bessere Auslastung der Flugzeuge möglich. Das spart pro Passagier Treibstoff, führt das zu günstigeren Ticketpreisen und kommt der Umwelt zugute. Dazu ein Beispiel, das die Zusammenhänge besonders gut aufzeigt. Im Sommer 1990 bot die Lufthansa von Hamburg aus täglich eine Direktverbindung nach New York. Dieser Flug aber rechnete sich für das Unternehmen zunehmend schlechter.

Der Flughafen von Frankfurt/Main ist eines der großen Luftverkehrsdrehkreuze in Europa. (Fraport)

Blick ins Terminal des Frankfurter Flughafens. (Littek)

Es fanden sich schlicht nicht genug Passagiere aus Hamburg und Umgebung zusammen, um ein Großflugzeug zu füllen. Die logische Konsequenz: Lufthansa setzte ein kleineres Flugzeug ein, das aber wiederum von den Passagieren nicht akzeptiert wurde. Die Zahl der Kunden ging weiter zurück. Lufthansa reagierte nun auf dieser Entwicklung weiter, indem es die Zahl der wöchentlichen Flüge von sieben auf vier reduzierte. Wer nach New York wollte, wartete nun aber natürlich nicht auf die nächste Lufthansa-Maschine, sondern flog mit British Airways über London oder mit der KLM über Amsterdam. Das führte zu einer weiteren Verschlechterung des Ergebnisses auf dieser Route. Aus diesem Grund

Hauptdrehscheibe der Lufthansa ist der Frankfurter Flughafen. (Lufthansa)

stellte die Lufthansa sie 1992 ein. Der Hamburger Passagier musste nun bei einem Lufthansa-Flug nach New York über Frankfurt oder München reisen. Dafür hatte er nun jedoch fünf tägliche Flüge zur Auswahl. So konnte der Fluggast 1997 um 7:30 Uhr über Frankfurt, um 9:40 Uhr über München, um 11:15 über Frankfurt, um 11:30 über Düsseldorf fliegen, wo – anders als in Hamburg – noch eine Direktverbindung bestand. Um 14.45 Uhr dann war wieder ein Flug über Frankfurt möglich. Für die Fluggäste bedeutete das, dass sie praktisch im Zweistundentakt über den Atlantik nach New York fliegen konnten.

Das Hub-and-Spoke-System funktioniert aber natürlich nur, wenn die An- und Abflugzeiten an den Hubs aufeinander abgestimmt sind und es möglichst kurze Umsteigezeiten gibt. Heute garantieren viele moderne Großflughäfen Umsteigezeiten von 45 Minuten.

Begehrte Zeitfenster: Slots
Bei der Planung der Start- und Landezeiten der Flugzeuge können die Fluggesellschaften diese nicht frei wählen. Die Starts- und Landungen werden in Zeitfenstern, den so genannten Slots, abgewickelt. Wie viele Slots ein Flughafen pro Tag insgesamt zur Verfügung hat, hängt von vielen Faktoren wie der Ausstattung seiner Start- und Landebahnen oder auch von behördlichen Vorschriften wie einem Nachtflugverbot ab.
Slots sind logischerweise begehrt bei den Fluggesellschaften. Das gilt speziell für die, die in besonders attraktiven Zeiten liegen. Dazu gehören insbesondere Tagesrandverbindungen. Das sind Flüge am Morgen und am Abend. Slots werden regelmäßig auf einer internationalen Konferenz verteilt. Eine wichtige Grundregel ist dabei die Einhaltung der so genannten »Grandfather-Rights«. Jede Gesellschaft, die einen Slot besitzt, hat das Recht, diesen zu behalten, wenn sie das beantragt. Das stellt die Kontinuität der Flugpläne sicher, dient damit den Passagieren und hilft natürlich den Fluggesellschaften, ihre Investitionen langfristig zu planen.

Kein Anschluss ohne Nummer:
Was sich alles hinter einer Flugnummer verbirgt

Auf den ersten Blick ist es nur eine scheinbar wahllos und willkürlich vergebene Zahl, die hinter dem Kürzel LH für Flüge der Lufthansa steht. Doch was sich alles hinter einer Flugnummer verbirgt und wie kompliziert ihre Vergabe sein kann – kaum ein Laie und nichtmal alle Profis würden es vermuten.
Einer, der es ganz genau weiß, ist Markus Günther. Der gelernte Dipl.-Kaufmann und Physiker ist quasi der Herr der Flugnummern bei Lufthansa und zuständig für die Organisation der Flugnummern des Konzerns. Eine knifflige Angelegenheit. Denn mehr als vier Stellen hinter dem so genannten Lettercode für die Airline sind nach Vorgabe der International Airline Transport Association, kurz IATA, bisher nicht erlaubt. Damit beschränkt sich die Anzahl der Flugnummern, die einer Fluggesellschaft zur Verfügung stehen, auf exakt 9999. Das klingt nach viel, kann jedoch für einen großen Konzern wie Lufthansa, in dem selbst Passagierzüge und -busse sowie LKWs der Cargo unter eigener Flugnummer fahren, knapp sein. Hinzu kommen noch so genannte Codeshareflüge, die in Kooperation mit anderen Fluggesellschaften durchgeführt werden, zusätzliche Flüge (beispielsweise für die Fußball-WM), Rundflüge

Flug LH 738 über den Wolken. Die Nummer verrät: Dabei handelt es sich um einen Lufthansa-Flug. Und er führt nach Hongkong. (Lufthansa)

mit der historischen Ju-52 oder Nachtpostflüge. Sie alle brauchen ebenfalls eine eigene Flugnummer. Denn die drei- bis vierstellige Zahl transportiert jede Menge Inhalte. Sie ist Abrechnungscode, besagt, wohin der Flug geht, gilt als Identifikationsmittel für Passagiere, Mitarbeiter und Kommunikationstool für Fluglotsen. Und die Flugnummern gelten auch als Schlüssel für die Reservierungssysteme, bei der Gatebelegungsplanung und der Slotvergabe.

Nicht nur das eingeschränkte Kontingent an Flugnummern stellte den Lufthanseaten vor eine große Herausforderung. Zusätzlich musste er eine ganze Reihe von Faktoren bei der Zuordnung einer Flugnummer zu einem bestimmten Flug berücksichtigen.

Wenn (was früher die Regel war) die Flugnummern auch zur Kommunikation zwischen Cockpit und Fluglotsen dienen, dürfen sich beispielsweise aus Sicherheitsgründen niemals zwei Flugzeuge mit ähnlicher Flugnummer, wie LH 3985 und LH 3895, zur gleichen Zeit auf gleicher Frequenz befinden. Die Verwechslungsgefahr wäre einfach zu groß.

Flugnummer auf der Anzeige im Flughafen Hannover. Hinter der Vergabe der Nummern bei den Airlines steckt System. (Littek)

Früher wurden deshalb Flugnummern häufig geändert. Um das zu vermeiden, ist man im Funksprechverkehr heute weitestgehend dazu übergegangen, Flüge mit ähnlicher Flugnummer mit einer unverwechselbaren dreistelligen Kombination aus Zahlen und Buchstaben zu kennzeichnen. Das gilt zumindest innerhalb Deutschlands und Europas. Die Piloten des Flugs mit der offiziellen Nummer LH 3985 melden sich so beispielsweise bei den Fluglotsen mit dem Code DLH 5CP, gesprochen »Lufthansa Five Charlie Papa«, erklärt Markus Günther.

Selbst auf Aspekte des Aberglaubens wird bei der Vergabe von Flugnummern hin und wieder Rücksicht genommen. So findet man in den Flugnummern für Asien häufig die dort als Glückszahl geltende 8. Und eine Zeit lang wurden 1300er-Flugnummern aufgrund der darin enthaltenen Unglückszahl 13 ausschließlich für die Codierung von Nachtpostflügen und nicht für Passagierflüge der Lufthansa verwendet. Aber das sieht man heute weniger emotional.

Markus Günther hat in Zusammenarbeit mit den einzelnen Abteilungen System in das vermeintliche Zahlenchaos gebracht. Und das ganz ohne Hilfe einer ausgeklügelten Software, sondern per Hand auf einem Blatt Papier.

Grundsätzlich sind die Lufthansa-Flugnummern, wie bei anderen Airlines, in so genannten Flugnummernschlüsseln organisiert. Das bedeutet, dass ein bestimmter Zahlenbereich einem speziellen Kontingent von ähnlichen Flügen zugeordnet ist. So ist zum Beispiel der Bereich von 400 bis 799 für interkontinentale Flüge der Lufthansa reserviert. Darunter gibt es weitere Unterteilungen. Alle 400er-Nummern sind bei Lufthansa Nordamerikaflügen zugeordnet, so zum Beispiel die schon legendäre LH 400, eine Flugnummer mit Historie, für den Flug von Frankfurt nach New York oder LH 416 für die Strecke von Frankfurt nach Washington. Flugnummern von 8000 bis 8699 hingegen verraten, dass es sich um einen Cargoflug handelt, darunter im Zahlenbereich von 8674 bis 8699 die Nachtpostflüge und von 8800 bis 8819 die Rundflüge mit der legendären Tante Ju. Liegt eine Flugnummer im Zahlenbereich zwischen 7000 und 7999, weiß der Profi auf den ersten Blick, dass es sich um Fracht-LKWs der Lufthansa Cargo handelt. Eine Besonderheit sind Flüge mit den Flugnummern 5000 bis 5009. Sie sind dem Produkt Lufthansa Privatjet vorbehalten. Während der Flug mit dem Code LH 572 immer von Frankfurt nach Johannesburg geht, so fliegt LH 5000 oder 5004 dorthin, wohin der VIP-Kunde den Privatjet bestellt.

Die Zahlenbereiche von 1 bis 399 und 800 bis 1399 sind innerdeutschen Lufthansa-Flügen zugeordnet. Bei Verbindungen innerhalb Deutschlands hat Markus Günther die Flugnummern in der Regel nach der Abflugzeit – von morgens bis abends – geordnet. Aber auch hier wird die Regel durch Ausnahmen bestätigt.

LH 001 ist die niedrigste bei Lufthansa vergebene Flugnummer. Sie bezeichnet den ersten Flug des Tages um 6:00 Uhr von Hamburg nach Frankfurt, LH 003 steht für den zeitlich nächsten usw. Umgekehrt verbirgt sich hinter LH 002 die erste Verbindung von Frankfurt an die Alster.

Die höchste Lufthansa Flugnummer ist übrigens die LH 9995 für Werkstatt- und Trainingsflüge von Lufthansa Partner Augsburg Airways. Die höchste vergebene Nummer für Passagierflüge ist LH 9975 für Codeshareflüge der Lufthansa mit Cimber Airlines.

Und noch ein Zahlengeheimnis: Eine Flugnummer, der ein Buchstabe hinten anhängt, wie z.B., LH 404 A, wird nur kurzzeitig und in besonderen Ausnahmefällen vergeben. So zum Beispiel, wenn eine Passagiermaschine nach bereits erfolgtem Start aufgrund der plötzlichen Erkrankung eines Fluggasts wieder an den Abflughafen zurückkehren muss und erneut vom Ausgangsort abhebt.

In allen Flugnummernschlüsseln gibt es außerdem Reservezahlen für den Fall, dass ein weiterer Flug auf einer bereits bestehenden Strecke oder eine neue Destination zusätzlich in den Flugplan aufgenommen wird. So sind die Flugnummern heute immer oder fast immer, gibt der Herr der Flugnummern der Lufthansa zu, stabil. Änderungen sind dank dieses Systems heute selten nötig.

Einen Sonderfall gibt es beim so genannten Codesharing, also Flügen, die Lufthansa in Kooperation mit einer oder mehreren Fluggesellschaften operiert. Sie können trotz Lufthansa-Flugnummer von dem jeweiligen Codeshare-Partner durchgeführt werden. Sie haben dann neben der Nummer der operierenden Airline als weitere Flugnummern die der Codesharepartner. Ein Beispiel aus dem Sommerflugplan 2006 der Lufthansa: Passagiere, die den Flug mit der Nummer LH 1776 oder SA (für South African Airways) 263 gebucht haben, fliegen mit ein und demselben Flug, operiert von South African Airways, von Frankfurt nach Kapstadt.

Um auf Nummer Sicher zu gehen, welche Airline den Flug durchführt, sollte der Gast im Reisebüro nachfragen oder in den Lufthansa Flugplan schauen. Dort findet er hinter dem Flug den Lettercode für die operierende Airline, empfiehlt Markus Günther.

Die wichtigsten Flugnummern der Lufthansa Passage und Codeshare- und Star Alliance-Partner auf einen Blick *

Flugnummer	Zielgebiet
001 – 399 800 – 1399	Deutschland
400 – 499	USA, Kanada, Mexiko
500 – 569	Mittel- und Südamerika
560 – 599	Afrika
600 – 699	Asien/Pazifik
1400 – 2629 2740 – 2979 5050 – 6785 5910 – 6785 9050 – 9989	Codshareflüge Passage und Star Alliance
2630 – 2679 3000 - 4999	Europa

* im Winterflugplan 2006/2007

Sekundenschnelle Kursbestimmung: Flugroutenplanung mit dem Computer

Vor dem Flug ist nach dem Flug; jedenfalls für die Mitarbeiter der operativen Flugwegplanung bei Lufthansa – kurz Dispatcher genannt. Bereits etwa vier Stunden vor dem Start eines Linienflugs sind die Berechnungen des Flugwegs mit allen dazu gehörenden Parametern weitestgehend abgeschlossen. Dann steht fest, ob beispielsweise der Flug LH 492 von Frankfurt nach Vancouver die kürzere Strecke über den britischen Luftraum vor der Atlantiküberquerung fliegen kann. Nur dank akribischer Planung eines jeden Flugs kann der Flugplan eingehalten, der Luftraum sicher gemacht und der Treibstoffverbrauch ökonomisch und ökologisch gestaltet werden.

Bei der vielschichtigen Flugvorbereitung legt der Dispatcher unter Berücksichtigung nationaler und internationaler Bestimmungen zunächst die Flugroute fest. *Lido Operations Center* (Lido OC) heißt das System der Lufthansa IT-Tochter Lufthansa Systems, das ihm dafür zur Seite steht. Herzstück des Systems ist eine zentrale Datenbank. In ihr sind weltweit sämtliche relevanten aeronautischen Daten gespeichert.

Je nach Vorgabe kann die Optimierung nach Flugzeit, Kerosinverbrauch oder Kosten vorgenommen werden. Lido OC fügt alle auf einen Flug einwirkenden Parameter zusammen, um die exakten Vorgaben zu ermitteln. Dafür wird eine große Zahl von Daten automatisch analysiert und ausgewertet: Sowohl die Wetterverhältnisse als auch die Möglichkeiten zu Flugraumausnutzung, Distanzen, Kurs, Flughöhe, Geschwindigkeit, Zeit, Treibstoffverbrauch sowie Start- und Landegewicht spielen eine Rolle. Nicht zuletzt müssen auch die Leistungsdaten des Flugzeugs selbst bei der Flugwegplanung einkalkuliert werden.

Eine Boeing 737 ist sicher und pünktlich in Berlin gelandet. Ein solcher Flug ist auch das Ergebnis einer guten Flugroutenplanung. (Lufthansa)

Der Wind wirkt sich besonders in der Langstreckenfliegerei positiv oder negativ aus. Er verhält sich in verschiedenen Flughöhen unterschiedlich, sowohl in der Stärke als auch in bestimmten Fällen in der Richtung. Das hat natürlich Einfluss auf die Treibstoffberechnung, auf die Flugzeit und damit auch auf die Kosten. Aufgrund des sich ändernden Luftdrucks gilt zudem allgemein: je größer die Flughöhe, desto geringer ist der Spritverbrauch. Wie schnell ein Flugzeug seine optimale Flughöhe erreicht, ist abhängig vom Gewicht des Flugzeugs und von der Leistung der Triebwerke. Doch nicht immer ist die größte Flughöhe auch die günstigste. Deshalb prüft Lido OC vorher, wo das sinnvollste Flugprofil zu finden ist.
Und trotz der Berücksichtigung dieser vielen Faktoren und Datenmengen dauert die komplexe Berechnung auch eines vielstündigen Langstreckenflugs nur wenige Sekunden.
Der Dispatcher erhält die erforderlichen Daten in tabellarischer Form und kann sich so schnell einen Überblick über die einzelnen Flugvarianten verschaffen. Bei Flugvarian-

Für die Piloten sind die Planungen der Dispatcher wichtige Grundlage für die Durchführung des Flugs. Hier gehen Flugkapitän Jens J. Olthoff (rechts) und Kopilot Jens Ahrens die Unterlagen vor einem Flug nach Chicago durch. (Littek)

te X sind 107 Tonnen Treibstoff zu tanken, die Flugzeit beträgt neun Stunden und 25 Minuten, die sich daraus ergebenen Kosten werden ebenfalls berechnet. Bei Variante Y sind durch andere Windverhältnisse 109 Tonnen zu tanken, die Flugzeit beträgt neun Stunden und 40 Minuten, aber die Gesamtkosten sind trotz der hohen Kerosinpreise geringer als bei der ersten Variante. Der Flugplaner entscheidet nun, ob er die um 15 Minuten längere Flugzeit akzeptiert und dafür Kosten spart.

Ein anderes Beispiel: Haben Flugzeuge bereits vor dem geplanten Start Verspätung, kann es wichtiger sein, die verlorene Zeit aufzuholen, damit die Passagiere noch am Landeort ihre Anschlussverbindungen erreichen. Dann wird sich der Dispatcher für die schnellere Flugroute entscheiden und die Kosten, die durch höheren Verbrauch oder Überfluggebühren entstehen, weitgehend außer Acht lassen.

Durch die schnelle Berechnung der Flugroute und Analyse der Flugvarianten ist auch sichergestellt, dass der Dispatcher den Flug rechtzeitig bei der europäischen Flugsicherungsbehörde Eurocontrol anmelden kann, um die Freigabe für die gewählte Flugroute zu erhalten. Damit dieses rechtzeitig abgeschlossen ist, muss jeder Flug drei Stunden vor Abflug angemeldet werden.

Doch damit nicht genug: Um den Dispatcher zu entlasten, hat Lufthansa Systems den *Airline Operation Support* (AOS) entwickelt. Damit kann die Berechnung von Flügen und deren Anmeldung bei Eurocontrol sogar vollautomatisch erfolgen. Lufthansa lässt insbesondere Kurz- und Mittelstreckenflüge über AOS berechnen. Das sind zwischen 600 und 800 Flüge pro Tag. So wurde beispielsweise für Flüge von Frankfurt nach München die Routenplanung automatisiert. Nur wenn unvorhergesehene Einflüsse – Unwetter oder hohe Verkehrsdichte auf der Strecke – eintreten, müssen die Flugwegplaner wieder persönlich eingreifen.

Woher kommen nun die Daten und wer pflegt diese? Denn Voraussetzung für die hohe Qualität bei der Berechnung und Optimierung der Flugwege ist die Datenbank, die alle Informationen aktuell und zuverlässig bewertet. Allein die Wetterdaten sind schon sehr umfangreich: Schließlich gibt es für nahezu jeden Punkt der Erde Wetterinformationen - sowohl am Boden wie auch in der Atmosphäre bis 50.000 Fuß. Und das viermal am Tag. Diese Daten speist der Deutsche Wetterdienst bereits in elektronischer Form direkt in das System ein.

Der Pilot kann sich schließlich mit seinem Laptop, dem »Pilot's Workpad«, im System anmelden und alle wichtigen Daten für den anstehenden Flug herunterladen und dann den richtigen Kurs einschlagen.

Cockpit und Systeme

Alles klar gegliedert: die Instrumente im Cockpit

Der erste Eindruck beim Blick in das Cockpit einer modernen Verkehrsmaschine: Es gibt eine ungeheure Fülle und Vielfalt von Schaltern, Knöpfen, Instrumenten und Bildschirmen, die sich nicht nur vor, sondern auch über und zwischen den beiden Piloten befinden. Auch der zweiten Blick vermittelt dem Laien kaum mehr Klarheit über die hinter den Bedienelementen und Anzeigen liegenden Funktionen. Am deutlichsten fällt in der Regel das Steuerhorn auf. Bei Boeing-Maschinen ragt es direkt vor den Piloten aus dem Boden und ist unschwer als Steuerorgan zu identifizieren. Bei Airbus-Flugzeugen der Baurei-

»Gear down« – mit diesem Hebel wird in der Boeing 737 das Fahrwerk ausgefahren. (Littek)

Cockpit einer Boeing 757-200. (Littek)

Cockpit eines Airbus A340. (Lufthansa)

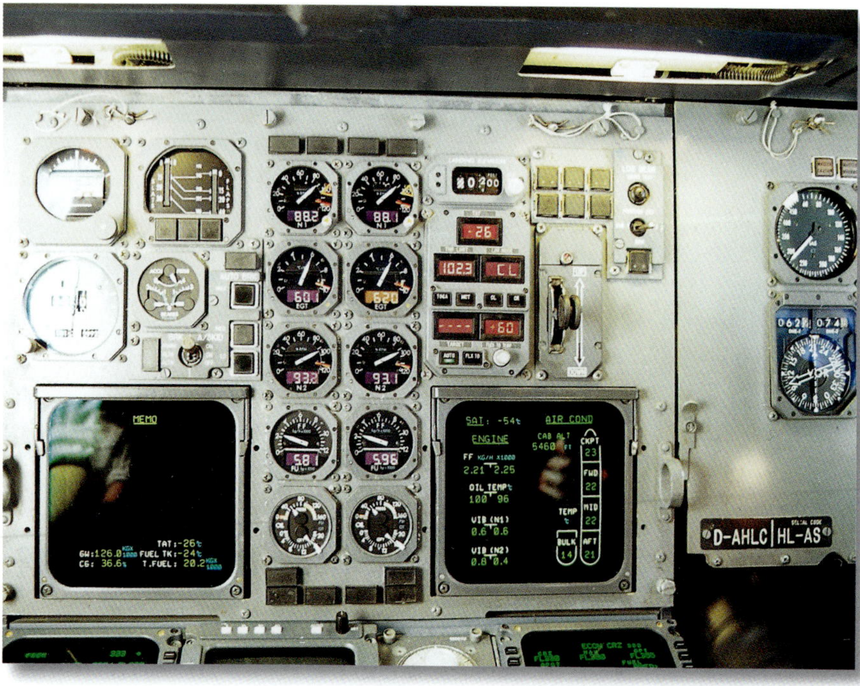

Die Triebwerksinstrumente in einem Airbus A310-300. (Littek)

Schubhebel in einem Airbus A310-300. Mit dem Hebel rechts davon werden die Landeklappen ausgefahren. Die weißen Zahlen links geben die Stellung der Vorflügel, die Zahlen rechts die Stellung der Landeklappen an. (Littek)

hen A320, A340 oder auch bei der A380 ist das schon nicht mehr ganz so einfach. Hier ist nirgends ein Steuerhorn zu sehen. Dafür gibt einen – sehr viel kleineren –, so genannten Sidestick, der als Eingabegerät für die Steuerbefehle der Crew dient. Angeordnet ist er an der Außenseite neben den Piloten auf einer Konsole.

Direkt vor den Piloten befinden sich in modernen Verkehrsmaschinen jeweils zwei große Glasbildschirme. Diese Displays zeigen wesentliche Flug- und Navigationsdaten an. Der jeweils äußere Bildschirm ist das »Primary Flight Display«. Auf ihm wird ganz wesentlich der so genannte künstliche Horizont dargestellt. Die entsprechende Anzeige ist meist kreisförmig. Die obere Hälfte ist blau und symbolisiert den Himmel, die untere zum Beispiel schwarz oder braun. Sie symbolisiert die Erdoberfläche. Je nach Bewegung des Flugzeugs verändert sich die Anzeige. Fliegt die Maschine gerade, ist der Strich zwischen Himmel und Erde waagerecht. Fliegt das Flugzeug eine Rechtskurve mit entsprechender Schräglage, dreht sich die Anzeige des künstlichen Horizonts. Der Balken der Anzeige steht nun schräg. Genauso lässt sich am künstlichen Horizont erkennen, ob ein Flugzeug steigt oder sinkt. In der Mitte der Anzeige befindet sich ein Punkt, der dann über oder unter den Horizont sinkt. Mittels Gradmarkierungen können die Piloten sehen, in welchem Winkel die Nase der Maschine gesenkt oder gehoben ist. Ist das Wetter schön und die Sicht gut, können die Piloten natürlich auch ihre Fluglage durch einen Blick aus dem Fenster zumindest grob erkennen. Bei einem Flug durch Nebel, Wolken oder bei Nacht

Mit diesem Schalter werden in der Boeing 737 die Anschnallzeichen in der Kabine aktiviert. (Littek)

Die Bedienelemente für den Autopiloten in einem Airbus A310-300. Die Maschine fliegt gerade in einer Reiseflughöhe von 33.000 Fuß auf einem Kurs von 213°. (Littek)

95

Vom Besuch im Cockpit kann ein Junge – genau wie ein Mädchen – noch jahrelang erzählen und träumen. So manche Pilotenkarriere hat so ihren Anfang genommen. Seit dem 11. September 2001 sind solche Momente leider selten geworden. (SAA)

über unbewohnten Gebieten geht das aber nicht. Natürlich hat jeder Mensch ein subjektives Gleichgewichts- und Lagegefühl. Auf das dürfen sich die Piloten während des Flugs aber nicht verlassen. Auch wenn man merkt, dass sich eine Maschine plötzlich in eine Kurve legt oder ein Steigflug beginnt, ist das Verlassen auf dieses Gefühl auf die Dauer nicht zu empfehlen. Behält ein Flugzeug nämlich eine Schräglage für eine längere Zeit bei, passt sich das menschliche Empfinden dieser Lageveränderung an. Die eigentlich vorhandene Schräglage wird nicht mehr wahrgenommen.

Die bereits erwähnten Gradmarkierungen auf dem künstlichen Horizont vermitteln wesentliche Informationen für die verschiedenen Flugsituationen. So fliegen die Piloten in einer Verkehrsmaschine den Start üblicherweise mit einem Winkel von fast 20°. Wenig später senkt die Crew im weiteren Steigflug den Winkel zunächst auf 10°, dann noch einmal auf 5°. Beim Landeflug halten die Piloten die Nase eines Flugzeugs bei insgesamt sinkender Maschine immer ein bisschen über den Horizont gehoben. Der Wert beträgt 2,5° und wird auf dem künstlichen Horizont abgelesen. Daneben bildet das Display vertikale Skalen ab, auf denen sich Geschwindigkeit und Höhe der Maschine abzulesen sind.

Der zweite Bildschirm vor jedem Piloten ist das »Navigation Display«. Auf diesem Bildschirm sind eine Kompassrose und der Flugweg abgebildet, wie ihn die Piloten vor dem Start in den Bordcomputer eingegeben haben. Wollen die Piloten den Flugweg über eine längere Strecke sehen, wird dieser als Linie dargestellt, die sich von Wegpunkt zu Wegpunkt hangelt. Auf dem Bildschirm können zusätzlich bei Bedarf alle Flughäfen in der Umgebung oder auch alle Funkfeuer angezeigt werden. Auch das Bild des Wetterradars lässt sich aufschalten.

Wetterradar

Das Wetterradar ist im Bug der Maschine installiert. Es sieht aus wie eine auf der Seite stehende Salatschüssel und wird hinter der Bugverkleidung ständig von Elektromotoren in langsamer Bewegung nach rechts und links geschwenkt. Dabei sendet das Gerät Radarstrahlen in den Bereich vor der Maschine aus. Die ausgesandten Radarstrahlen werden von Wassertropfen reflektiert, wie sie sich beispielsweise in Unwetterwolken befinden. Das Instrument im Cockpit stellt die entsprechenden Wolkenformationen als farbige Flächen dar. Rot sind Regionen mit großer Wasserkonzentration – also in der Regel Unwetter und Gewitter. In grüner und gelber Farbe erscheinen Gebiete, die für die Flugzeuginsasssen nicht so unangenehm sind.

Darstellung des Wetterradars im Cockpit einer Boeing 737-800. Rot werden Unwetter angezeigt. (Littek)

Primary Flight Display (PFD; rechts) und Navigation Display (ND) in einem Airbus. Das PFD zeigt den künstlichen Horizont. Die Skala links davon zeigt die Geschwindigkeit, die Skala rechts die Höhe an. Auf dem ND ist der Kurs der Maschine mit einer grünen Linie zu erkennen. Die grünen Rauten sind die Wegpunkte, die im Flight Management System von den Piloten eingegeben wurden. (Littek)

Neben dem Navigation Display und dem Primary Flight Display, die sich vor jedem der beiden Piloten befinden, sind in der Mitte zwischen ihnen mittig zwei weitere Displays zu sehen. Diese zeigen technische Daten des Flugzeugs, insbesondere die Leitungsdaten der Triebwerke. Auf derselben Konsole, neben diesen beiden Displays gibt es einige weitere Instrumente von kleinerer Größe als die Bildschirme. Dabei handelt es sich um Reserveinstrumente wie einen weiteren künstlichen Horizont, Geschwindigkeitsmesser und Höhenmesser. Die sind hier für den Fall angebracht, dass die Hauptinstrumente aus irgendeinem Grund einmal nicht funktionieren sollten. Die Reserveinstrumente arbeiten unabhängig von den anderen Instrumenten. Weiter befinden sich auf dieser Konsole zwischen den Piloten Hebel für das Ausfahren des Fahrwerks und die dazugehörigen Anzeigen. Über diesem Bereich, etwas nach vorne abgesetzt, sind die Steuer- und Einstellungselemente für den Autopiloten angeordnet.

Zwischen beiden Piloten schließt sich eine horizontale Konsole an, in der sich die Schubhebel befinden. Je nach Anzahl der Triebwerke gibt es zwei, vier oder auch – mittlerweile seltener – drei. Um Schub zu geben, schiebt einer der Piloten die Hebel nach vorn. Im direkten Umfeld der Schubhebel sind weitere Hebel zum Beispiel für die Aktivierung der Klappen und der Spoiler installiert. Außerdem rotieren hier die Trimmräder, die sich bei jeder Trimmänderung – die meist vom Bordcomputer vorgenommen wird – drehen. Trimmräder sind nicht in jedem modernen Flugzeugcockpit zu sehen. Während auch der Airbus A320 als Fly-by-Wire-Flugzeug damit ausgestattet ist, hat Boeing bei den (nicht Fly-by-Wire-) Modellen 767 und 757 keine Trimmräder eingebaut, genau wie im Cockpit der 777. Im Cockpit der 737 – auch in dem Maschinen der »Next Generation« wie der 737-80 – drehen sich wiederum Trimmräder.

Vor den Schubhebeln, seitlich rechts und links versetzt, befinden sich die Eingabegeräte des *Flight Management Systems* (FMS). Optisch erinnern sie an einen großen Taschenrechner. Hinter den Schubhebeln sind die Schalter zum Anlassen der Triebwerke angeordnet. Ein großer, sehr beeindruckend aussehender Bereich mit Instrumenten ist über den Köpfen der Piloten angeordnet. Die hier untergebrachten Schalter sind aber nicht ganz so wichtig, wie die direkt vor der Besatzung angeordneten Instrumente. Hier gibt es zum Beispiel die Schalter für die Hilfsturbine im Heck, die Scheibenwischer, die Klimaanlage und die Anschnall- und No Smoking-Zeichen in der Passagierkabine sowie Schalter für die Elektrik, Hydraulik und Tankanlage.

Im Fußraum der Piloten befinden sich jeweils zwei Pedale. Diese Pedale sind mit einer Doppelfunktion ausgestattet. Zum einen wird mit ihnen das Seitenruder gesteuert. Zum anderen werden mit den Pedalen auch die Radbremsen des Flugzeugs betätigt. Der Druckpunkt liegt im oberen Bereich des Pedals. Die Bedienung beider Funktionen der Pedale – zum Beispiel bei einer Landung bei starkem Seitenwind – kann übrigens eine recht kraftaufwändige Angelegenheit sein. Beim langsamen Rollen lenkt der Kapitän die Maschine über ein kleines Steuerrad, das sich zwischen Fenster und seinem Sitz befindet. Über dieses Rad bewegt er das Bugfahrwerk der Maschine.

Geschwindigkeiten

Maßeinheit für die Geschwindigkeit im Luftverkehr sind Knoten. Ein Knoten entspricht einer nautischen Meile. Und das sind 1,852 km. Darüber hinaus muss man im Luftverkehr zwischen zwei Begriffen unterscheiden, wenn es um die Geschwindigkeitsmessung geht: »Ground Speed« und »True Air Speed«. Ground Speed ist die Geschwindigkeit einer Maschine über Grund. True Air Speed bezeichnet die wahre Eigengeschwindigkeit der Maschine in der Luft. Der Unterschied: Als Ground Speed wird die Geschwindigkeit bezeichnet, mit der sich eine Maschine über dem Boden fortbewegt. Einmal angenommen, ein Flugzeug fliegt mit einer Eigengeschwindigkeit von 200 Knoten. Weht der Maschine ein Gegenwind von 20 Knoten entgegen, beträgt die Ground Speed 180 Knoten. Bei einem Rückwind von 20 Knoten sind es aber 220 Knoten. Die True Air Speed bezeichnet dagegen die wahre Eigengeschwindigkeit des Flugzeugs in der Luft. Sie beträgt in beiden Fällen 200 Knoten.

Für die Messung der Geschwindigkeit befinden sich am Bug von Verkehrflugzeugen die so genannten Pitotrohre. Sie weisen nach vorne und registrieren den Staudruck der anströmenden Luft. Das ist nicht ganz unproblematisch. Denn je höher eine Maschine fliegt, umso dünner ist natürlich die Luft. Die geringere Dichte führt dazu, dass die Instrumente eine niedrigere Geschwindigkeit anzeigen, als es tatsächlich der Fall ist. Ein Beispiel: Bei einer Außentemperatur von -60°C in einer Höhe von 35.000 Fuß beträgt die wahre Eigengeschwindigkeit eines Flugzeugs 480 Knoten. Die angezeigte Geschwindigkeit (Indicated Airspeed – IAS) aber liegt bei 280 Knoten. Weil das so ist, wird die Geschwindigkeit bei einer Höhe von mehr als 25.000 Fuß (7500 m) als Verhältnis der wahren Eigengeschwindigkeit zur örtlich vorliegenden Schallgeschwindigkeit angegeben. Dieser Wert bildet die so genannte Mach-Zahl. Die Geschwindigkeit des Schalls in der Luft ist nicht konstant. Sie nimmt zusammen mit der Temperatur ab. Da es in großer Höhe kälter ist als unmittelbar über dem Erdboden, liegt die Schallgeschwindigkeit hier auch niedriger. Beträgt die Schallgeschwindigkeit in der Standardatmosphäre in Meereshöhe zum Beispiel 1223 km/h, kann sie in einer Höhe von 30.000 Fuß 1090 km/h betragen. Die Schallgeschwindigkeit wird als Mach 1 bezeichnet. Wenn ein Flugzeug also mit einer Geschwindigkeit von 0,85 Mach fliegt, bewegt es sich mit 85% der Schallgeschwindigkeit fort.

Steuerung:
Fly-by-Wire und mechanische Systeme

1988 lieferte Airbus die ersten Maschinen der Baureihe A320 an die Kunden aus. Mit der neuen Maschine hatte Airbus nicht nur ein sehr erfolgreiches Konkurrenzmodell zur 737-Reihe von Boeing geschaffen, sondern auch eine neue Technologie auf breiter Basis im Markt eingeführt. Die Rede ist vom Fly-by-Wire-Prinzip, das nach einer Einführung äußerst heftig und kontrovers in der Öffentlichkeit diskutiert wurde. Zeitweise wurden die neuen Airbus-Maschinen von Kritikern spöttisch als »Atari-Flieger« bezeichnet. Heute erinnert sich daran kaum noch jemand. Airbus baut Fly-by-Wire-Steuerungen auch in die größere A340- und A330-Baureihe ein, genauso wie in die neue A380. Und auch Konkurrent Boeing bietet längst mit der 777 ein Fly-by-Wire-Flugzeug an. Was aber ist Fly-by-Wire?

Der Airbus A320 flog als erste Verkehrsmaschine mit einem modernen Fly-by-Wire-System. (Littek)

In konventionellen Fugzeugen wie dem Airbus A300, der Boeing 747 oder auch der 737 werden die Steuerbefehle der Besatzung durch Seilzüge über Umlenkrollen und Steuerstangen an die Steuerelemente wie Querruder und Höhenruder weitergegeben. Zieht der Pilot am Steuerhorn, bewegen sich die Seilzüge. Sie übertragen die Kraft auf das Höhenruder, das sich dadurch bewegt. Insbesondere bei Großraumflugzeugen reichen die so entstehenden Kräfte aber natürlich nicht aus, um die Steuerflächen zu bewegen. Über die Seilzüge werden deshalb hydraulische Stellmotoren bedient. Beim Fly-by-Wire wird nun auf die Mechanik bei der Übermittlung der Steuerbefehle verzichtet. Die Steuerbefehle der Piloten werden in elektrische Impulse umgewandelt und über Kupferleitungen (engl. »Wire« – Draht) an Hydraulikmotoren weitergegeben. Für die Steuerbewegungen ist damit kaum noch Kraftaufwand erforderlich. Aus diesem Grund war es nur konsequent, dass Airbus bei der A320 und den folgenden Fly-by-Wire-Flugzeugen auf den Einbau einer massiven Steuersäule vor den Piloten verzichtete. Statt dessen erfolgen die Steuereingaben über den sehr viel kleineren Sidestick, der neben den Piloten positioniert ist.

Steuerorgan in den Fly-by-Wire-Mustern von Airbus ist der Sidestick. Links daneben ist das kleine Rad zu sehen, mit dem das Flugzeug am Boden gesteuert wird. (Littek)

Boeing hingegen behielt bei der 777 trotz Einbau eines Fly-by-Wire-Systems die Steuersäule bei. Der Grund: In konventionellen Flugzeugen machen die beiden Steuersäulen, die sich vor jedem Piloten befinden, identische Steuerbewegungen. Drückt zum Beispiel der Kopilot seiner Steuersäule nach vorn, bewegt sich gleichzeitig auch die Steuersäule vor dem Kapitän in diese Richtung. Nimmt dieser gerade Eingaben am Bordcomputer vor, blickt auf Luftfahrtkarten oder addiert die Zeiten des Flugplans, registriert er anhand der Bewegungen der Steuersäule trotzdem ständig mit halbem Auge, was mit dem Flugzeug gerade geschieht. Das ist bei einem durch Sidestick gesteuerten Fly-by-Wire-Flugzeug aber nicht mehr der Fall. In der 777 hat Boeing diesen Effekt aber beibehalten und dafür beide Steuersäulen miteinander und mit dem Autopiloten gekoppelt. Hier bewegen sich beide Steuersäulen entsprechend der Steuerbewegungen des Flugzeugs. Das aber macht natürlich besonders dann Sinn, wenn Steuersäulen groß wie in einem konventionellen Flugzeug sind. Bei einem Sidestick würde die Bewegung weit weniger auffallen.

Je nach Flugzeugtyp lassen sich durch Fly-by-Wire zwischen 200 und 400 kg Gewicht einsparen, da die aufwändige Mechanik durch Elektronik ersetzt wird. Somit verbraucht eine A320 pro Jahr 25.000 Liter Kerosin weniger, als die Maschine ohne Fly-by-Wire benötigen würde. Das aber ist noch nicht alles. Airbus ging bei der Konstruktion des Fly-by-Wire-Systems noch viel weiter. Die Steuerbefehle der Piloten werden nach der Umwandlung in elektronische Impulse nicht direkt an die Hydraulikmotoren weitergeleitet, sondern von dazwischengeschalteten Computern überprüft und verarbeitet. Dadurch ergeben sich vielfältige Vorteile für den Kraftstoffverbrauch, Flugkomfort und Flugsicherheit der Maschine: Die Software ist beispielsweise so programmiert, dass die Maschine nicht über die Grenzen der Belastbarkeit hinaus geflogen werden kann. Wenn ein Pilot zum Beispiel den Sidestick plötzlich bis zum Anschlag zurückzieht, setzt der Computer diesen Steuerbefehl so um, dass er die Maschine in den maximal möglichen Winkel eines Steigflugs steuert. Dazu erteilt der Bordcomputer bei Bedarf den Triebwerken den Befehl, mehr Schub zu geben. Der Computer lässt aber keinen Steigflug zu, bei dem der Anstellwinkel so groß wird, dass ein überzogener Flugzeugzustand oder »Stall« (Strömungsabriss) eintritt. Die Rechner reagieren auch auf Kleinigkeiten. Wird eine Tragfläche von einer Windböe erfasst, so registriert der Bordcomputer dies über Beschleunigungsmesser. Daraufhin bekommen die Querruder die Anweisung zu einem Ausschlag, der exakt so berechnet ist, dass er sich der Kraft der Böe entgegengerichtet. Durch diese automatisch erfolgenden Ausgleichssteuerungen erlebt der Fluggast einen besonders ruhigen Flug. Gleichzeitig werden die Tragflächen einer Maschine weniger stark belastet. Und das wiederum bedeutet: Sie können leichter und kleiner konstruiert werden. Damit erzeugen sie weniger Luftwiderstand, was dann wiederum Gewicht und Kerosin spart.

Viele Piloten standen dem Fly-by-Wire-Prinzip zunächst skeptisch gegenüber. Der Gedanke, dass sie nicht mehr direkt auf die Steuerflächen des Flugzeugs zugreifen konnten, sondern ein Computer dazwischengeschaltet und ihre Eingaben erst »überprüfte« war, stieß vielfach auf Ablehnung. Dieses Bild hat sich mittlerweile aber längst gewandelt. Der Airbus A320 bewährt sich nun seit weit mehr als einem Jahrzehnt im Liniendienst zahlreicher Fluggesellschaften. Rein statistisch gesehen hat dieser Typ kein höheres Unfallrisiko als andere Flugzeugmodelle. Das gilt auch für die A340, A330 oder die Boeing 777. Und viele Piloten sind mittlerweile aufgrund der vielfältigen Möglichkeiten zu engagierten Verfechtern der neuen Technik geworden.

Auf manchen Langstrecken wird es im Cockpit laut: Funkverkehr

Über UKW und Kurzwelle wird die Funk-Kommunikation im Luftverkehr heute abgewickelt. Über den entwickelten Regionen der Welt kommt dabei standardmäßig meist der UKW-Funk zum Einsatz. Dafür sind die Flugzeuge normalerweise mit drei UKW-Sprechfunkgeräten ausgestattet. UKW-Funk ist sehr klar zu verstehen. Seine Reichweite ist allerdings nur sehr begrenzt. Er kommt in der Regel innerhalb einer Reichweite von 200 Seemeilen zum Einsatz. Die Reichweite von Kurzwellenfunk ist sehr viel größer. Gleichzeitig hat Kurzwellenfunk aber eine größere Störanfälligkeit. Er wird vor allem über den weniger entwickelten Regionen der Erde und über den großen Ozeanen benutzt. Dabei kann es im Cockpit mitunter recht laut werden. Über Kurzwelle können die gesprochenen Worte manchmal verzerrt, nur sehr leise oder von anderen Geräuschen überlagert in den Kopfhörern der Piloten empfangen werden. Wird auf Kurzwelle gefunkt, lauschen die Piloten vielleicht in einem Moment angestrengt in den Äther, während sie im nächsten Augenblick ins Mikrofon brüllen müssen, um sich überhaupt noch verständlich machen zu können.

Während eines Flugs durchfliegt eine Maschine die Zuständigkeitsbereiche von verschiedenen Luftverkehrskontrollstellen. Fliegt ein Flugzeug aus einem Sektor, teilen ihm die Fluglotsen die nächste Kontrollstelle mit der dazugehörigen Funkfrequenz mit. Die Piloten stellen die neue Funkfrequenz an einem der Funkgeräte ein und melden sich bei der neuen Kontrollstelle. Beim Funk wird jede Maschine über ihr Rufzeichen – Callsign genannt –, angesprochen.

Die Buchstaben- und Ziffern werden
im Luftverkehr wie folgt gesprochen:

A	Alpha
B	Bravo
C	Charlie
D	Delta
E	Echo
F	Foxtrott
G	Golf
H	Hotel
I	India
J	Juliett
K	Kilo
L	Lima
M	Mike
N	November
O	Oscar
P	Papa
Q	Quebec
R	Romeo
S	Sierra
T	Tango
U	Uniform
V	Victor
W	Whiskey
X	X-Ray
Y	Yankee
Z	Zulu
0	Ze-ro
1	Wun
2	Too
3	Tree
4	Fow-er
5	Fife
6	Six
7	Sev-en
8	Ait
9	Nin-er

Funkverkehr heute: Kopilot Phil Parsons stimmt in einer Boeing 747 der South African Airways über den weiten Afrikas per Funk die Flughöhe mit dem zuständigen Controller ab. (Littek)

So war es früher: Der Funker einer Rohrbach Roland II überreicht dem Piloten den neuesten Wetterbericht, den er mit seiner Lorenz-Langwellenstation aufgenommen hat. (Lufthansa)

Beispiel für den Funkverkehr

Anhand eines Beispiels soll ein kurzer Eindruck des Funkverspechverkehrs vermittelt werden. Die Maschine befindet sich noch vor dem eigentlichen Start zu einem Flug von Hannover nach Funchal auf der Atlantikinsel Madeira am Boden:

Funk aus dem Tower	Funk aus dem Cockpit	Erklärung
	Hannover Ground, guten Morgen, Fantasy Triple Three with information Lima requesting start up	Flug Fantasy 4333 bittet bei der Bodenkontrolle um die Genehmigung zum so genannten »Pushback« und Anlassen der Triebwerke. Die zuletzt von der ATIS eingeholten Informationen waren mit dem Kennbuchstaben »L« gekennzeichnet
Fantasy, guten Morgen, start up is approved		Der Push back und Anlassen der Triebwerke wird genehmigt
Fantasy Triple Three is cleared to Funchal, departure route Osnabrück Four Sierra, Squawk 3219		Fantasy Flug 4333 ist für den Flug nach Funchal freigegeben. Der Transponder ist auf den Code 3219 einzustellen
	Fantasy Triple Three cleared to Funchal via Osnabrück Four Sierra, 3219	Der Kopilot liest die Anweisung zurück und bestätigt sie damit
Fantasy Triple Three line up runway two seven right and wait		Der Tower fordert die Besatzung auf, bis zur Startbahnschwellen-Markierung der Bahn 27R vorzurollen
	Lining up and wait, Fantasy Triple Three	Die Bestätigung aus dem Cockpit
Fantasy Triple three wind tree one five degrees one three knots, cleared for take-off runway two seven right, good bye		Die Startfreigabe, verbunden mit einer aktuellen Wetterinformation, Wind aus Nordwest, mit einer Stärke von 13 Knoten
	Fantasy Trible three cleared for take-off, tschüss	Die Bestätigung aus dem Cockpit

Immer auf dem richtigen Weg: Navigation und ILS

Reisen mit modernen Verkehrsflugzeugen sind für die meisten Menschen längst zu einer Selbstverständlichkeit geworden. So selbstverständlich, dass sich kaum noch jemand darüber wundert, mit welcher Präzision heute Entfernungen zurückgelegt werden, deren Überwindung noch vor 100 Jahren in den Bereich abenteuerlicher Expeditionen gehörte.

Mit der Entwicklung des modernen Luftverkehrs ist die Welt im übertragenen Sinne ein beträchtliches Stück kleiner geworden. Wer gemütlich in 10.000 m Höhe in einer Linienmaschine auf dem Flug von Boston nach London an einem Drink nippt, in wenigen Stunden die Landung erwartet und dabei schlechte Laune bekommt, wenn sich die Ankunft um 15 Minuten verzögert, vergisst leicht, über welche Entfernungen sich dabei unter ihm der Atlantik scheinbar endlos von Horizont zu Horizont wölbt. Erst wer sich diese Distanzen vor Auge führt, erhält ein Gefühl für die Bedeutung der Navigation im modernen Luftverkehr – und für die Präzision, mit der Flüge heute abgewickelt werden.

Bei der Navigation geht es im Prinzip darum, sicherzustellen, dass ein Flugzeug auf seinem Weg zwischen zwei Orten das Ziel der Reise auch zuverlässig erreicht. Das klingt einfach – ist es aber nicht. Eine Kursabweichung von nur einigen Grad würde zum Beispiel bei einem Flug von Los Angeles nach Honolulu ausreichen, dass ein Flugzeug anstelle der Inseln von Hawaii nur endlose Wassermassen vorfindet.

Die Entwicklung der Navigation ist eng mit der Geschichte der Luftfahrt verknüpft. Seit Menschen fliegen, hatten sie mit dem Problem zu tun, sich während des Flugs zu orientieren. Am Anfang der Verkehrsfliegerei, kurz nach dem Ersten Weltkrieg und in den 20er-Jahren, flog man nach Sicht. Die Piloten orientierten sich an markanten Punkten, Städten, Kirchtürmen, Straßen und Kirchen am Boden. Unentbehrliches Navigationsmittel war aus diesem Grund auch ein starkes Fernglas.

Nach Sicht wird aber auch heute noch geflogen. Das ist in vielen Bereichen der Sportfliegerei ausschließlich üblich, und natürlich ist auch jeder Pilot einer Verkehrsmaschine froh, wenn er Standortangaben durch den Blick nach draußen bestätigt findet.

Im Cockpit ihrer Junkers F 13 orientieren sich diese beiden Piloten nach dem »Eisernen Kompass«, dem Verlauf der Eisenbahnstrecken am Boden. (Lufthansa)

Eine entscheidende Rolle kommt heutzutage im Cockpit bei der Flugabwicklung dem Flight Management System (FMS), dem Flugführungssystem, zu. Das FMS übernimmt dabei die Funktion eines übergeordneten Steuersystems, in dem zahllose Fäden der Navigation zusammenlaufen. Das FMS übernimmt damit eine ganze Reihe von Auf-

Diese Tupolew Tu-154 folgt dem ILS der Landebahn des Flughafens Fuhlsbüttel in Hamburg und wird in wenigen Sekunden aufsetzen. (Littek)

gaben im Cockpit und entlastet die Piloten ganz wesentlich während des Flugs. Die Eingabegeräte für das FMS befinden sich auf der Mittelkonsole zwischen den Piloten. Dieser Anordnung findet sich in allen großen Verkehrsflugzeugen, ganz unabhängig davon, welcher Hersteller die Maschinen fertigt. Optisch sehen die Eingabegeräte wie große Taschenrechner mit dazugehörigem Bildschirm aus. Über diese Eingabegeräte können die Piloten den gewünschten Kurs in den Bordcomputer der Maschine eintippen. Auf den Bildschirmen im Cockpit wird dann der gesamte geplante Flug als Aneinanderreihung von Wegpunkten (engl. Waypoints), die durch eine Streckenlinie verbunden sind, sichtbar. Für den Flug lässt sich das FMS so mit dem Autopiloten kombinieren, dass dieser die vorher eingegebene Flugstrecke exakt abfliegt.

Interessant ist nun aber natürlich, woher das FMS weiß, wo sich die Maschine in einem bestimmten Moment befindet. Diese Daten müssen natürlich vorliegen, denn sonst kann das FMS die Streckenwünsche der Crew nicht umsetzen. Den entsprechenden »Input« an Navigationsdaten bekommt das FMS durch Navigationsinstrumente, auf die es zurückgreifen kann. Moderne Verkehrsflugzeuge sind dabei nicht nur mit einem, sondern mit verschiedenen Navigationssystemen ausgestattet. Basissystem ist dabei ein Empfangsgerät, mit dem das Flugzeug UKW-Funksignale empfängt. Diese werden von dafür extra eingerichteten Sendern – den so genannten VOR-Sendestationen – am Boden abgestrahlt. Diese Sender strahlen, vereinfacht gesagt, UKW-Funksignale wie die Speichen eines Rades in alle Richtungen ab. Empfangsgeräte im Flugzeug empfangen diese Signale und bereiten sie so auf, dass auf den Instrumenten ablesbar ist, in welchem Winkel oder »Radial« zur Sendestation sich das Flugzeug befindet. Fliegt eine Maschine zum Beispiel auf dem Radial 180, besagt das, dass sich eine Maschine exakt südlich eines Funkfeuers befindet. Folgt die Maschine diesem Radial, wird sie sich dem VOR nähern und es schließlich überfliegen. Anschließend können die Piloten das Empfangsgerät auf ein neues Funkfeuer einstellen und auf dessen Radial weiterfliegen. So lässt sich eine Flugstrecke als eine Abfolge von Funkfeuern, die zu überfliegen sind, definieren. Auf diese Weise können Luftstraßen gebildet werden und in der Vergangenheit war das auch das gängige Verfahren.

Sauber sollten die Scheiben auch an einem Jumbo sein. Trotzdem ist der Blick aus dem Fenster für die Navigation im Reiseflug heute eher nebensächlich. (Littek)

Früher mussten die Piloten den Empfang eines jedes Funkfeuer während des Flugs manuell einstellen und den Kurs auf Karten mitzeichnen. Das macht heute niemand mehr. Stattdessen wird die Flugstrecke vor dem Start in den Computer eingegeben. Der Bordcomputer wählt die VOR-Stationen dann während des Flugs automatisch an und bestimmt dadurch die Position.

Die VOR-Sender vermitteln aber nur eine Richtungsinformation. Entfernungsangaben fehlen, also das Wissen darum, wie weit ein Flugzeug von einer VOR-Station entfernt fliegt. Dieses Daten liefert das DME (Distance Measuring Equipment), ein weiteres Navigationssystem. Es ist so eng mit dem VOR verknüpft, dass beide Navigationshilfen oft als ein zusammenhängendes System angesehen werden, gerade auch weil im Cockpit nach Anwahl einer VOR-Station meist automatisch der DME-Wert angegeben wird.

Ebenfalls auf Funkstationen basiert ein anderes Navigationsverfahren, das älter ist, weniger präzise und in weiten Teilen der Welt nur noch selten angewandt wird: die Navigation mit ungerichteten Funkfeuern oder NDBs (Non-Directional Beacon). Bei NDBs handelt es sich um Mittelwellensender. Wird auf ihrer Basis navigiert, können die Piloten auf den Anzeigeinstrumenten im Cockpit nicht – wie bei den VOR-Sendern – erkennen, auf welchem Radial sie fliegen. Statt dessen gibt es lediglich einen Zeiger auf dem entsprechenden Instrument im Cockpit, der die Richtung angibt in der ein NDB am Boden steht.

Der Computer kann bei der Navigation aber auch noch auf andere Systeme zurückgreifen. Das schafft zusätzliche Sicherheit, da Abweichungen vom Kurs sofort auffallen. Auch macht das Sinn, weil nicht überall auf der Welt – zum Beispiel über den Ozeanen – Funksender vorhanden sind. Traditionelles Hilfsmittel ist dabei das Trägheitsnavigationssystem. Dieses System ist eine weitere wichtige Basis der Navigation und wie das VOR-Verfahren seit langem erprobt und bewährt. Grob vereinfacht gesagt handelt es sich dabei um eine Technik, die jede Bewegung des Flugzeugs mittels sehr empfindlicher Sensoren »erfühlt« und so den Standort der Maschine, den die Crew am Terminal jeweils vor einem Start eingibt, während gesamten folgenden Flugs weiter fortrechnet. Die Trägheitsnavigation ist in vielen Jahren der Anwendung und stetigen Verbesserung mittlerweile so exakt geworden, dass selbst nach einem langen Flug nur noch sehr geringe Abweichungen vom tatsächlichen Standort vorkommen. Damit stellt es ebenfalls eine sehr zuverlässige Hilfe bei der Navigation dar.

Ein in jüngerer Zeit hinzugekommenes System ist das auf Satellitentechnik basierende *Global Positioning System* (GPS). Wie der Name schon verrät, wird der Standort des Flugzeugs dabei mittels Satelliten bestimmt. Das System ist unabhängig von Bodeneinrichtungen wie zum Beispiel Funkanlagen. Die Basis von GPS sind 24 Satelliten. Deren Umlaufbahnen sind so abgestimmt, dass die Signale von immer mindestens vier betriebsbereiten Satelliten an jedem Punkt der Erde empfangen werden können. Diese Satelliten senden Signale aus, anhand deren Laufzeit der Empfänger seine Position im dreidimensionalen Raum berechnen kann. Was hier so einfach klingt, macht allerdings den Einsatz kompliziertester Technik nötig. So war insbesondere die Synchronisierung der Uhren zwischen Satellit und Empfänger – sie erfolgt mittels Codeverschiebung – ein schwierig zu lösendes Problem.

Abgewickelt wird die Luftfahrt mit den großen Verkehrsmaschinen heute über genau definierte Luftstraßen, deren engmaschiges Netz auch auf speziellen Luftfahrtkarten wiedergegeben ist. Noch vor einigen Jahren orientierten sich die Luftstraßen über Deutschland und Mitteleuropa fast ausschließlich an VOR-Funkfeuern. Flog eine Maschine auf ihrem Weg von A nach B auf den Luftstraßen, musste sie auf ihrem Weg immer wieder kleine und größere Umwege fliegen, die sich aus dem jeweiligen Standort der Funkfeuer ergaben. Das konnte zu teilweise recht aufwändigen Zickzack-Kursen führen. Das hat sich mittlerweile geändert. Heute gibt es nach wie vor genau definierte Luftstraßen, auf denen die Verkehrsmaschinen fliegen. Diese sind jetzt aber von den VOR-Funkfeuern abgekoppelt, so dass sehr viel ökonomischer und direkter geflogen werden kann. Die Neuordnung spart Kerosin, kommt der Umwelt zugute und erhöht dabei gleichzeitig auch noch deutlich die Kapazität des Luftraums.

Bei der Landung werden die Piloten vom Instrumentenlandesystem (Instrument Landing System – ILS) unterstützt. Es führt sie präzise zum optimalen Aufsetzpunkt auf der Landebahn. Vereinfacht gesagt sendet das ILS Funksignale vom Boden an das Flugzeug, anhand derer die Piloten erkennen, ob sie sich auf dem richtigen Weg in Richtung auf die Landebahn befinden. Diese Informationen beinhalten Angaben über den Gleitpfad der Maschine. Und das ILS sendet Informationen über die Richtung des Anflugs in Bezug zur Landebahn. Anhand dieser Informationen wissen die Piloten, ob das Flugzeug genau richtig oder zu weit rechts oder links auf die Landebahn zufliegt. Die Funksignale werden im Cockpit der Maschinen so aufbereitet, dass die Crew auf ihren Instrumenten sehen kann, ob sich ihr Flugzeug auf dem idealen Anflugweg befindet oder nicht.

Bei dieser optischen Darstellung auf den Instrumenten gibt es Unterschiede zwischen den Flugzeugtypen. Häufig wird eine Darstellung in Form zweier Balken gewählt. Der eine Balken verläuft senkrecht, der andere waagerecht. Ergeben beide Balken ein symmetrisches Kreuz, fliegt eine Maschine genau auf dem Gleitpfad, der es zur Landebahn führt. Stellen die Balken kein Kreuz dar, müssen die Piloten durch entsprechende Steuerbewegungen das Flugzeug so bewegen, dass es auf den Gleitpfad kommt. Die dazu nötigen Steuerbewegungen können die Piloten aus der Stellung der Balken ableiten. Bei großen Verkehrsflugzeugen ist die ILS-Anzeige in die Bildschirme vor der Crew integriert. Meist erfolgt eine vereinfachte Anzeige. Auf dem Primary Flight Display, das auch den künstlichen Horizont abbildet, geben zum Beispiel zwei Rhombusse die Position des Flugzeugs auf seinem Anflug zur Landebahn wieder. Der eine Rhombus bewegt sich unterhalb der Anzeige des künstlichen Horizonts auf einer waagerechten Linie, der andere wandert auf einer senkrechten Linie rechts von der Anzeige je nach Position der Maschine in Bezug auf den Gleitpfad auf und ab.

Auf dem Flughafen strahlen verschiedene Sender diese Informationen ab. Der aufmerksame Passagier kann diese Sender sehen, wenn er vor dem Start oder nach der Landung aus dem Flugzeugfenster auf das Flughafengelände blickt. Der Landekurssender sendet an die Maschine die Information, ob sie sich in Richtung auf die Landebahn auf einem gradlinigen Kurs befindet. Der Landekurssender ist am Bahnende installiert. Die Antenne sieht wie ein großer Zaun aus. Die Gleitweganlage steht neben der Landebahn. Sie sieht aus wie ein kleines Gebäude mit daneben stehendem Schornstein. Beide sind rot/weiß bemalt. Die Gleitweganlage zeigt der Flugzeugbesatzung, wie sie sinken muss, um den optimalen Aufsetzpunkt auf der Landebahn zu erreichen.

Das Instrumentenlandesystem gehört auf internationalen Flughäfen heute zur Standardausstattung und der Umgang damit ist für Piloten Alltag. Trotzdem gibt es nach wie vor eine ganze Reihe von Flughäfen, die nicht mit einem ILS-System ausgestattet sind. Hier wird nach Sicht gelandet, wobei sich die Piloten meist zusätzlich an markanten optischen Punkten oder anhand von VOR-, NDB- oder DME-Sendern informieren.

Sendemast des ILS. (Littek)

Warnung vor dem Crash:
TCAS und andere Sicherungssysteme

In der Vergangenheit gehörten »Near Misses« zu den Risiken des Luftverkehrs, vor denen Piloten besonders viel Respekt hatten. Von einem Near Miss ist immer dann die Rede, wenn sich zwei Flugzeuge in der Luft so nahe kommen, dass die Möglichkeit eines Zusammenstoßes besteht.

Noch vor gar nicht so langer Zeit kam es immer wieder zu Luftfahrtkatastrophen durch den Zusammenstoß von Verkehrsflugzeugen. Ein Beispiel ist der Zusammenstoß einer Boeing 747 aus Saudi-Arabien mit einer Ilyushin Il-76 der Kazakhstan Airlines am 12. November 1996 bei Neu-Delhi. Bei dem Unglück starben 351 Menschen. Hätten beide Flugzeuge das Kollisionswarnsystem TCAS an Bord gehabt, wäre es mit großer Sicherheit nicht zu dem Zusammenstoß gekommen.

TCAS steht für die englische Bezeichnung »Traffic Alert and Collision Avoidance System« (Verkehrswarn- und Kollisionsvermeidungssystem) und wird von den US-amerikanischen Unternehmen Rockwell-Collins und Allied Signal angeboten. Es gehört heute zur Standardausstattung in modernen Verkehrsflugzeugen. Durch TCAS bekommen die Piloten auf einem Bildschirm im Cockpit Informationen über den Luftraum in ihrer Umgebung. Andere Flugzeuge und deren Position sind auf dem Display durch grafische Symbole abgebildet. Besteht die Gefahr einer kritischen Annäherung eines anderen Flugzeugs an die eigene Maschine, warnt TCAS die Besatzung und schlägt zugleich das optimale Ausweichmanöver vor. Das geschieht so rechtzeitig, dass die Piloten nicht einmal hektische Flugmanöver fliegen müssen. Die Fluggäste in der Kabine bekommen meist von einer solchen Situation überhaupt nichts mit.

Ohne TCAS hatten die Flugzeugbesatzungen keine Möglichkeit, sich auf ihren Instrumenten einen optischen Eindruck über die Verkehrssituation im Luftraum zu verschaffen. Passagierflugzeuge sind anders als Militärflugzeuge nicht mit einem Radarsystem zu diesem Zweck ausgestattet. Die Piloten orientieren sich normalerweise anhand der Anweisungen der Fluglotsen, des Funkverkehrs und durch den Blick aus dem Fenster, der aber bei schlechten Wetterbedingungen an Bedeutung verliert. Gerade dann ist der Einsatz von TCAS besonders sinnvoll. Das ist auch der Fall bei Flügen über Regionen mit nur schlechter Flugsicherung wie das über weiten Teilen Afrikas oder Asiens der Fall ist.

Wie funktioniert TCAS? Wie schon erwähnt, sind Flugzeuge mit so genannten Transpondern ausgestattet, Geräte, die auf Abfrage Informationen über Flughöhe und die Kennnummer des Flugzeugs senden. Transponder gab es in Flugzeugen schon lange, bevor TCAS entwickelt wurde; sie sind wichtig für die Arbeit der Fluglotsen. Das, was die Fluglotsen auf ihren Kontrollschirmen sehen, sind in der Regel die Signale der Flugzeugtransponder. Bei TCAS wird das Transponderprinzip jetzt zusätzlich für die Vermeidung von Zusammenstößen eingesetzt. Dafür sind am Flugzeug zwei zusätzliche Antennen – oben und unten am Flugzeugrumpf – und in der Maschine ein Steuerungsteil installiert. Mittels dieser Ausstattung kann um das Flugzeug ein »Schutzschild« von gut 70 km Durchmesser aufgebaut werden. Dringt ein Luftfahrzeug in diesen Bereich ein, werden dessen Transponderdaten sofort mittels der Antennen abgefragt. Optisch wird ein entsprechendes Symbol auf einem Display im Cockpit angezeigt. Besteht keine Gefahr, zeigt der Bildschirm das andere Flugzeug als Viereck mit weißem Rahmen an. Mit Zahlen weist TCAS daneben den Standort der Maschine in Bezug zum eigenen Flugzeug aus. »+20« bedeutet zum Beispiel, dass der »Eindringling« 2000 Fuß über der eigenen Position fliegt. Ein Pfeil macht die Flugrichtung deutlich.

Darstellung des TCAS in einem Airbus A310-300. Die weißen Rauten symbolisieren andere Flugzeuge. (Littek)

Die Computer beider Flugzeuge kommunizieren weiter. Kommt die andere Maschine näher, verändert das Viereck sein Aussehen und wird durchgängig weiß. Errechnet der Computer eine Gefahr für das eigene Flugzeug, wird er deutlicher – und gibt diese Information sofort an die Piloten weiter. Aus dem Viereck wird ein gelber Kreis. Weiterhin zeigt eine Zahl die Flughöhe und ein Pfeil die Flugrichtung an. Gleichzeitig wird eine akustische Warnung ausgegeben. Eine Computerstimme meldet: »Traffic – Traffic – Traffic«. Fliegen beide Maschinen weiter auf Kollisionskurs, wandelt sich der gelbe Vollkreis zu einem roten Viereck. TCAS errechnet nun eine Lösungsvariante und gibt diese akustisch an die Besatzung weiter. Die Piloten hören zum Beispiel die Aufforderung zum Steigflug : »climb – climb – climb«. Jetzt haben sie 20 bis 45 Sekunden Zeit, dieser Anweisung zu folgen, den Schub zu erhöhen und die Maschine in den Steigflug zu bringen. TCAS zeigt der Besatzung sogar, wie lange dieser Steigflug andauern muss. Am künstlichen Horizont wandert ein roter Balken während des Steigflugs langsam in ein grünes Feld. Befindet sich der Balken im grünen Bereich, ist die Situation gemeistert.

Ein anderes Risiko im Luftverkehr ist der »Controlled Flight into Terrain (CFIT)« – der »kontrollierte« Flug in den Boden. Er gehört auch heute noch zu den größten Risiken im internationalen Luftverkehr. Um CFIT-Unfälle zu vermeiden, gibt es heute ein sehr wirksames Bodenannäherungs-Warnsystem im Cockpit. Der Begriff »Controlled Flight into Terrain« klingt zunächst widersprüchlich. Er wird immer dann verwandt, wenn ein Flugzeug sich bis zum Moment eines Crashs in einem von den Piloten kontrollierten Flugzustand befand.

Beispiele: Am 6. August 1997 raste eine Boeing 747-300 der Korean Airlines beim Anflug auf den Flughafen Won Pat der Pazifikinsel Guam »kontrolliert« in das Gelände, 227 Menschen sterben. Im Dezember 1995 fanden 150 Menschen den Tod, als eine Boeing 757 in der Nähe von Cali, Kolumbien, mit einem Berggipfel in den Anden kollidierte. Die Besatzung hatte sich beim Anflug auf Cali während stockfinsterer Nacht vernavigiert und war dabei in ein Tal geflogen.

Der Blick durch die kleinen Cockpitfenster reicht heute für die Piloten nicht mehr aus, um sich über die aktuelle Flugsituation so zu informieren, dass Kollisionen mit dem Boden ausgeschlossen sind. Wolken, Nebel und die Dunkelheit der Nacht machten eine optische Orientierung häufig völlig unmöglich. Geflogen wird fast ausschließlich nach

Instrumenten. Normalerweise kann die Flugzeugbesatzung diesen auch »blind« vertrauen. Katastrophen sind aber immer dann möglich, wenn es irgendwo im Zusammenspiel zwischen Mensch und Maschine zu einem Fehler oder Missverständnis kommt. Seit 1974 ist für Verkehrsflugzeuge, die sich im Luftraum der USA bewegen, ein Warnsystem für die Bodenannäherung vorgeschrieben. Dabei handelt es sich um das Ground Proximity Warning System (GPWS). Dieses aber reagiert häufig viel zu spät, wie nicht zuletzt der Absturz bei Cali deutlich machte. Hier glaubten sich die Piloten noch im sicheren Luftraum, während der Autopilot die Maschine gegen einen Berg steuerte. Es waren gerade noch elf Sekunden bis zum Aufschlag, als das GPWS die überraschte Besatzung mit lauten akustischen Meldungen »Terrain – Terrain – pull up« aus der Flugroutine riss. Der sofort eingeleitete Steigflug reichte nicht mehr, um die Katastrophe abzuwenden.

Der Grund für die kurze Vorwarnzeit des GPWS liegt der Arbeitsweise des Systems begründet. Es stützt sich primär auf die Angabe der Höhe, wie sie auch der Höhenmesser des Flugzeugs liefert. Das heißt: Das System berücksichtigt nur die aktuellen Daten der Maschine »über Grund«. Es schaut nur herunter und nicht voraus. Außerdem ist das System – das den Spitznamen »Screamer« (Schreihals) bekommen hat – bei den Piloten für seine Falschmeldungen bekannt und nervt die Besatzungen insbesondere im Konzentration fordernden Landeanflug mit falschen Alarmen. 1983 verunglückte eine südamerikanische Boeing 747 in der Nähe von Madrid. Die Auswertung des Cockpit-Voice-Recorders zeigte später, dass vor dem Crash im Cockpit deutlich eine permanente »Pull up – pull up«-Warnung des GPWS-Systems zu hören war. Als der Kopiloten darauf fragte »Sagen Sie Kapitän: Was macht eigentlich der Boden?« war nur dessen genervte Stimme zu hören »It´s ok, it´s ok.« Sekunden später starben 183 Menschen.

Ein neues System arbeitet deutlich besser. Es bietet eine Vorwarnzeit von 60 Sekunden und wird als »Enhanced Ground Proximity Warning System« (EGPWS) bezeichnet. Möglich wurde die Entwicklung nach dem Ende des Kalten Krieges, denn seine Basis sind im wesentlichen militärische Daten. Das hat folgenden Hintergrund: Im Kriegs- und Konfliktfall fliegen Cruise-Missile-Lenkwaffen und Kampfflugzeuge möglichst nah der Erdoberfläche im Tiefflug. Das geschieht, weil sie dort nicht so leicht vom gegnerischen Radar erfasst werden können. Gleichzeitig besteht natürlich das Risiko, dass diese Flugkörper mit Bodenobjekten kollidieren. Um das zu verhindern, hat das US-Militär in jahrzehntelanger Kleinarbeit Daten gesammelt und zu einer digitalen, äußerst präzisen Landkarte der Erdoberfläche zusammengefügt. Nach Ende des Kalten Krieges erfolgte die Freigabe dieser »Terrain Data Base«, die anschließend noch zusätzlich um Informationen über Hindernisse im Umfeld der Verkehrsflughäfen ergänzt wurde.

Im Verkehrsmaschinen wird diese digitale Landkarte mit den aktuellen Höhendaten des Flugzeugs, dem GPS-Navigationssystem sowie dem Bordcomputer und den darin eingegebenen Daten für den geplanten Flugverlauf kombiniert und schaut damit virtuell 320 nautische Meilen voraus. Die Piloten können sich ein Kartenbild des EGPWS über die Displays im Cockpit anzeigen lassen. Zu sehen ist ein 180°-Bild des vorausliegenden Terrains. Auf dem Bildschirm ist aber nur dann etwas zu sehen, wenn sich in Flugrichtung 2000 Fuß oder näher unter der Maschine Erhebungen befinden. Diese haben dann eine grüne Farbe. Liegt vor der Maschine Gelände auf Flughöhe, ist das in gelber Farbe

Das Foto eines völlig sicheren Flugs. Trotzdem verdeutlicht diese Aufnahme, wie es immer wieder zu CFIT-Unfällen kommen kann. Bei Nacht oder in einer dichten Wolkendecke könnte die auf dem Foto abgebildete Situation schnell gefährlich für die Maschinen werden. Ein EGPWS würde die Piloten über die Nähe der Berge zuverlässig informieren. (Swissair)

zu sehen, während rot Berge in größerer Höhe als das Flugzeug symbolisiert. Ist ein Zusammenstoß mit dem Boden oder einem Berg möglich, warnt das System rund 60 Sekunden vor der errechneten Kollision optisch und akustisch vor der Gefahr.

Als weiteres Warnsystem steht den Piloten im Cockpit das »Windshear Radar« zur Verfügung, das vor gefährlichen Scherwinden vor allem beim An- und Abflug der Flughäfen warnt. Solche Wetterbedingungen gibt es häufig dann, wenn Stürme mit starken Regenaktivitäten auftreten. Dabei kann es dann geschehen, dass der Regen kalte Luftmassen mit zu Boden reißt. Auf dieser Weise kann bei entsprechend starken Niederschlägen ein sehr starker Luftsog nach unten entstehen. Für eine Maschine, die sich gerade im Landeanflug auf einen Flughafen befindet, kann das durchaus gefährlich werden. In dieser Flugphase befindet sich die Maschine nur noch in geringer Höhe über dem Boden. Gerät sie in eine Region mit Schwerwinden, kann die Maschine mit zu Boden gerissen werden. Das Windshear Radar ist mit dem normalen Wetterradar, wie es sich in fast jeder Verkehrsmaschine befindet, kombiniert. Zwar kann kein Radar der Welt Windbewegungen erfassen. Das Radar erfasst dafür aber die Wassertropfen und ihre Bewegungen, wie sie für Wetterformationen wie Scherwinde typisch sind. Die Besatzung erhält eine akustische und optische Warnung und kann entsprechend reagieren.

Wind und Wetter fliegen immer mit: Der »Lufthansa-Wetterdienst« berät die Piloten weltweit

Gewitter im Sommer oder Schnee und Eis im Winter, böige Winde aus unterschiedlichen Richtungen, Hagel oder gar Wirbelstürme – wenn sich das Wetter von seiner unfreundlichen Seite zeigt, hat das auch direkte Auswirkungen auf den Luftverkehr. Je genauer die Vorhersagen für das Wetter sind, desto exakter können die Flüge geplant werden. Lufthansa hat dafür eine eigene Wetter-Abteilung in Frankfurt. »Wir können zwar am Wetter nichts ändern, aber wir können Piloten durch gute Beobachtung und Auswertung von Wetterinformationen aus aller Welt wertvolle Schützenhilfe für ihre Flüge geben«, sagt Hans-Rudi Sonnabend, Leiter der »Meteorological Services« von Lufthansa Systems in Frankfurt. Neben Lufthansa beliefert er rund 25 weitere Fluggesellschaften weltweit mit Wetterdaten.

Wetterinformationen werden von mehreren Organisationen weltweit erhoben. Das sind einmal die staatlichen Wetterdienste, in Deutschland zum Beispiel der Deutsche Wetterdienst. Diese Meteorologen informieren über die lokalen Wettersituationen in unteren Höhen und an Flughäfen. Die Wetterberatung für weltweit alle Flüge des internationalen Luftverkehrs in Höhen über 25.000 Fuß (rund 7600 m) kommt aus zwei gesonderten Wetterdienstzentren, die so genannten World Area Forcast Center (WAFC) in London und Washington. Diese Zentren gehören zur International Civil Aviation Organisation (ICAO), einer Unterorganisation der Vereinten Nationen.

Der »Lufthansa-Wetterdienst« empfängt von den nationalen Wetterdiensten und dem WAFC rund um die Uhr über Satellit die neuesten Wetterberichte. Auf der Grundlage dieser Wetterdaten wird rund fünf Stunden vor Abflug die Flugroute für jeden einzelnen Flug geplant. Bei einem Flug von Frankfurt nach New York beispielsweise wählt man dabei nicht einfach den kürzesten Weg. Vielmehr berücksichtigen die Routenplaner (Dispatcher) die für den Flug vorhergesagten Wetterbedingungen wie Höhenwinde, Gebiete mit starken Turbulenzen oder auch die Gefahr von Eisbildung. Wenn irgend möglich werden die Flugrouten so gelegt, dass sie die Zonen mit negativ beeinflussenden Wettererscheinungen meiden. Dabei werden die Routenplaner durch das Flugwegplanungssystem von Lufthansa Systems, einem der weltweit modernsten seiner Art, unterstützt.

Großen Einfluss auf die Wahl einer Flugroute haben die so genannten Jetstreams. Diese großen Windsysteme bewegen sich mit bis zu 300 km/h relativ konstant von West nach Ost. Sie treten in großer Höhe auf, also in der Reiseflughöhe der Langstreckenflugzeuge. Sagt der Wetterbericht über dem Nordatlantik einen starken Jetstream voraus, so wird die Route beispielsweise des Flugs Frankfurt-New York so bestimmt, dass das Flugzeug möglichst nicht in den Jetstream gerät, da es ja sonst ständig gegen die starke Windströmung fliegen müsste. In der Gegenrichtung hingegen kann ein Jetstream die Reisezeit enorm verkürzen. Dazu

Flugzeuge sind elementaren Wetterbedingungen immer ganz unmittelbar ausgesetzt. Für einen sicheren Flugbetrieb ist ein guter Wetterdienst unabdingbar. (Delta Airlines)

muss man allerdings die Bewegung, Richtung und Ausdehnung der Luftmassen genau kennen, um Vorteile für den Flug nutzen zu können. Doch schneller fliegen muss nicht immer schöner fliegen bedeuten, das wissen die Piloten, und deshalb berücksichtigen sie die entsprechenden Wetterfaktoren, die ihnen mit auf den Weg gegeben werden oder die sie während des Flugs abrufen können. Risiken meiden und einen Weg wählen, der den Fluggästen den optimalen Reisekomfort bietet, so lautet die Devise.

Bevor bei der Lufthansa ein Flugzeug startet, erhält jeder Pilot alle wichtigen Informationen zum Wetter zusammengefasst in einem so genannten Wetter-Bulletin. Es ist zugeschnitten auf den Flug und enthält die notwendigen Wetterkarten sowie alle weiteren Informationen über besondere Wetterereignisse auf der Strecke und an den Flughäfen entlang der geplanten Route. Kündigt der Wetterbericht beispielsweise konstanten und starken Gegenwind für eine Langstrecke an, so wird dies vom Flugwegplanungssystem bereits bei der Berechnung der Flugzeit und des Treibstoffbedarfs berücksichtigt und der Pilot entscheidet, ob er für unvorhergesehene Situationen zusätzlichen Treibstoff mit auf die Reise nehmen möchte. Denn gerade während eines Flugs über eine Dauer von acht, zwölf oder gar 14 Stunden sind unterschiedliche Wetterzonen zu durchfliegen und das vorhergesagte Wetter kann sich ändern.

Aber auch während des Flugs kann die Crew jederzeit auf die aktuellen Wetterdaten bei Lufthansa zugreifen. Über eine Art Telex für Flugzeuge ruft der Pilot das aktuelle Wetter von jedem beliebigen Flughafen ab. Täglich kommt es zu über 3300 Abfragen. Ein Pilot kann so schon vor der Ankunft – wenn er noch über oder in dicken Wolken fliegt – seinen Fluggästen an Bord mitteilen: »An unserem Ziel New York haben wir im Moment 24°C, schwachen Wind aus Süd-West und gute Sicht bei Sonnenschein.«

Dennoch, trotz guter Wettervorhersagen und akribischer Routenplanung lässt sich ein Wetterphänomen nur schwer vorhersagen, das der Passagier gelegentlich unangenehm zu spüren bekommt: Turbulenzen. Diesen unruhigen Luftverwirbelungen kann man nur schwer entgehen und das unangenehmste ist, dass sie nicht sichtbar sind. Aufgrund langjähriger Erfahrung aber wissen die Piloten, wo häufig Turbulenzen auftreten. Auch verzeichnen die Flugkarten des Wetter-Bulletins die Gebiete, in denen Turbulenzen zu erwarten sind. Doch die Atmosphäre ist ständig in Bewegung, und so verlagern sich diese Zonen oft oder sie sind plötzlich in Luftschichten spürbar, in denen man sie nicht vermutet hat. Daher melden die Piloten durchflogene Turbulenzen an die nationalen Wetterdienste oder auch an ihre im Cockpit sitzenden Kollegen in unmittelbarer Nähe. So versuchen dann nachfolgende Flugzeuge diese Gebiete zu umfliegen.

Die Genauigkeit der Wettervorhersagen ist in den vergangenen Jahren und Jahrzehnten immer größer geworden. Inzwischen trifft eine Vorhersage für 24 Stunden statistisch in mehr als 85% der Fälle zu. Auch die Lufthansa hat daran einen Anteil, denn das Unternehmen stellt seit mehreren Jahren dem Deutschen Wetterdienst seine Flugzeuge als eine Art fliegende Wetterstation zur Verfügung.

Im Bug von Verkehrsflugzeugen ist das Wetterradar eingebaut. Die Piloten können damit Wolkenformationen erkennen. (Swissair)

Jedes Flugzeug misst regelmäßig während des Flugs automatisch Windrichtung, Windgeschwindigkeit und die Temperatur – diese Daten werden für die Steuerung der Triebwerke und zur Navigation benötigt.

Lufthansa Systems hat es – vor einigen Jahren schon – möglich gemacht, dass eine speziell entwickelte Software an Bord der Lufthansa-Flugzeuge die Wetterdaten speichert und in regelmäßigen Intervallen über die Bodenstation von Lufthansa Systems an die Wetterdienste überträgt. Dadurch ist es möglich, ständig aktuelle Informationen über das Wettergeschehen zu erhalten – und das sogar aus Regionen, in denen das Messnetz des Wetterdienstes nur sehr dünn oder gar nicht vorhanden ist; zum Beispiel über dem Atlantik. Mithilfe dieser meteorologischen Aufzeichnungen kann der Wetterdienst seine eigenen Vorhersagen überprüfen und durch aktualisierte Wetterdaten immer wieder angleichen. Die mathematischen Berechnungsmodelle, die heute Grundlage der Wettervorhersagen bilden, können so ebenfalls verfeinert werden. Durch diese Rückkopplung wird die Wettervorhersage noch genauer und zuverlässiger. Lufthansa ist eine der wenigen Fluggesellschaften, die auf diese Weise die Wetterdienste unterstützt.

RAAS: Ein neues Cockpitsystem erhöht die Sicherheit beim Rollen am Boden

Das Rollen am Boden verlangt von den Piloten höchste Konzentration. Das gilt besonders bei schlechter Sicht auf großen internationalen Flughäfen mit mehreren Start- und Landbahnen und einem verzweigten Rollbahnsystem. Vom Kontrollturm erhalten die Cockpitcrews zwar die Anweisungen, über welche Rollwege sie zu welcher Startbahn rollen sollen, aber es gab bisher im Cockpit keine technische Möglichkeit, durch die Piloten auf einen Fehler hingewiesen werden konnten. Durch das Informationssystem RAAS (Runway Awarness & Advisory System) erhalten die Piloten jetzt zu den umfangreichen Informationen der Navigationssysteme im Cockpit zusätzliche Anhaltspunkte, mit denen sie ihre aktuelle Position überprüfen können. Lufthansa war aktiv an der Entwicklung des neuen Systems beteiligt und gehört zu den ersten großen

Blick auf den Flughafen von Frankfurt/Main mit seinen Rollwegen, Start- und Landebahnen. (Fraport)

Das Rollen am Boden – hier der Flughafen Frankfurt/Main – fordert den Piloten volle Konzentration ab. Das Informationssystem RAAS unterstützt die Besatzung im Cockpit bei ihrer Arbeit deutlich. (Fraport)

Fluggesellschaften, die ihre Flugzeuge mit dem neuen Warnmodus ausstattet. Erster Flugzeugtyp mit dem neuen System ist die Boeing 747-400.

Damit erhöht sich die Sicherheit beim Rollen am Boden und bei Anflügen nochmals erheblich. RAAS unterscheidet zwischen so genannten Routine-Anweisungen (Routine Advisories) und Nicht-Routine-Anweisungen (Non-Routine Advisories). Rollt das Flugzeug – beispielsweise auf dem Flughafen Frankfurt – nach der Anweisung des Kontrollturms zur Startbahn »zwei fünf rechts«, erhält der Pilot, kurz bevor er sich der Startbahn nähert, die entsprechende Bestätigung: »Approaching two five right« (»Sie nähern sich der Bahn 25 rechts«), ertönt die Stimme aus dem Lautsprecher. Damit erhält der Pilot die Bestätigung, dass er die für ihn freigegebene Bahn »25 rechts« erreicht. Wäre er versehentlich auf die parallel verlaufende Bahn »25 links« gerollt, würde er dies durch die Ansage aus dem RAAS-System sofort merken.

Hat das Flugzeug die Position auf der Startbahn erreicht, meldet das System: »On runway two five right« (»auf der Startbahn zwei fünf rechts«). Bleibt das Flugzeug nun eine überdurchschnittlich lange Zeit (zum Beispiel länger als eine Minute) auf der Startbahn stehen, erhält der Pilot die akustische Warnung, dass er noch auf der Bahn steht: »On runway. On runway.« Dadurch sollen gefährliche Annäherungen verhindert werden, bei denen Flugzeuge auf Landebahnen landen, auf denen sich noch andere Flugzeuge befinden.

Ebenso würde das System melden, wenn die Maschine zwar auf die für sie bestimmte Runway »25 rechts« gerollt wäre, sie aber über einen falsch gewählten Rollweg an einem Punkt erreicht hätte, von dem aus nur eine verkürzte Startstrecke zur Verfügung stünde. Das System würde den Piloten per Lautsprecherdurchsage auf die verbleibende zu kurze Startstrecke auf der angesteuerten Bahn hinweisen. Diese Information ist besonders auf Flughäfen sinnvoll, die über parallel verlaufende Bahnen mit unterschiedlichen Längen verfügen.

Hilfreich wird das Warnsystem für die Piloten natürlich auch in der Endphase des Landeanflugs. Fliegt das Flugzeug in einer Entfernung von drei nautischen Meilen, das entspricht etwa 5,4 km, auf die angewiesene Landebahn »25 rechts« zu, erhält er die Bestätigung: »Approaching two five right« (»Anflug auf zwei fünf rechts«). Sollte der Pilot versehentlich eine parallel verlaufende, aber für den Flugzeugtyp zu kurze Bahn ansteuern, würde er von RAAS eine entsprechende Information erhalten.

Die Überprüfung, ob es sich um die für den Anflug freigegebene Landebahn handelt, liegt in der Verantwortung des Piloten. Aber die von RAAS ausgegebene akustische Meldung macht der Cockpitcrew die jeweils eigene Position bewusst. Der Abgleich der realen Position muss immer durch den Piloten selbst geschehen.

Nach der Landung gibt das System einen Hinweis auf die noch verbleibende Ausrollstrecke, wenn das Flugzeug die Hälfte der Landbahn hinter sich hat und die Geschwindigkeit noch über 40 Knoten (ca. 72 km/h) liegt. »One thousand« (noch 1000 m zur Verfügung) würde RAAS melden.

Das RAAS errechnet die Positionsdaten auf der Basis des bereits beschriebenen EGPWS (Enhanced Ground Proximity Warning System), das die Piloten vor einer ungewollten Boden- oder Geländeannäherung warnt. Das EGPWS verfügt über eine Datenbank, in der annähernd alle Punkte der Erde gespeichert sind. RAAS verfügt zusätzlich über die wichtigen Daten von Rollwegen und Start- und Landebahnen der großen internationalen Flughäfen. Auf GPS-Basis werden dann die Positionen für das Flugzeug berechnet.

Immer schön pünktlich bleiben: ein Tag im Cockpit einer Lufthansa-Linienmaschine

11:30 Uhr an einem Donnerstag im Februar auf dem Frankfurter Flughafen. In der Lufthansa-Basis begrüßt Flugkapitän Nils Ecke den Ersten Offizier Sebastian Karst. Für beide Piloten beginnt an diesem Morgen in Frankfurt ein langer Arbeitstag. Zusammen mit drei Flugbegleiterinnen werden sie eine Boeing 737-500 bei mehreren Flügen quer über Europa steuern. Auf dem Dienstplan steht zunächst ein Flug von Frankfurt nach Wien, dann der Rückflug nach Frankfurt. Dann steht ein Flug nach Basel an. Es folgt der Rückflug nach Frankfurt, von wo die Piloten zum letzten Flug des Tages nach Lyon starten. Die Daten des geplanten ersten Flugs, wie zum Beispiel die vorgesehene Route, besprechen die Piloten gemeinsam nach der Begrüßung. Besonderes Augenmerk gilt dabei dem Wetter. Bisher liegt dichter Nebel über dem Frankfurter Flughafen, der sich gerade erst zu lichten begonnen hat. In den frühen Morgenstunden ist es dadurch bereits zu zahllosen Verspätungen gekommen. Für den Flug nach Wien, der unter der Flugnummer LH 3534 durchgeführt wird, ist ansonsten mit keinen Besonderheiten zu rechnen. Auf Basis des Wetterberichts ist ein ruhiger Flug zu erwarten. Die Maschine der Piloten wird an diesem Tag die Boeing 737-500 mit der Kennung D-ABIU sein. Das Flugzeug ist auf den Namen der Stadt Limburg getauft und wird auf Vorfeld-Position 125 stehen.

Nachdem die Piloten die Daten für den bevorstehenden Flug durchgegangen sind, führt der nächste Weg sie in den Briefingraum 18 der Lufthansa-Basis. Dort bereiten sich bereits die Purserette und zwei Stewardessen auf den bevorstehenden Flug vor. Nach einem kurzen Austausch über die bevorstehenden Aufgaben macht sich die Crew gemeinsam auf den Weg zum Abfahrtspunkt der Crewbusse. Um 11:55 Uhr fährt sie ein Bus auf das Vorfeld des Frankfurter Flughafens hinaus. Dort ist die »India-Uniform«, wie die Boeing 737-500 aufgrund der Endbuchstaben in der Kennung D-ABIU bezeichnet wird, gerade aus Warschau eingetroffen. Das Flugzeug wird nicht lange in Frankfurt bleiben. Schon für 12:40 Uhr ist der Beginn des Flugs nach Wien geplant. Während die Reinigungsmannschaft in der Maschine bereits die Spuren des letztes Flugs beseitigt, gehen auch Piloten und Flugbegleiter für die Reise nach Wien an Bord. Kopilot Sebastian Karst bereitet das Flugzeug jetzt im Cockpit auf den bevorstehenden Flug vor, während Kapitän Nils Ecke, der in einer weiteren Funktion bei der Lufthansa gleichzeitig Leiter der Verkehrsfliegerschule ist, das Cockpit sofort wieder verlässt, um am Boden seinen Gang um die Maschine zu machen. Bei diesem Preflight-Check überprüft er das Äußere des Flugzeugs auf sichtbare Schäden. Dabei gilt sein Augenmerk zum Beispiel dem Zustand der Reifen und des Fahrwerks, dem Triebwerk und den so genannten Pitotrohren am Rumpf des Flugzeugs. Durch diese Staurohre erhält der Bordcomputer die Basisdaten für die

Kapitän Nils Ecke (rechts) und Erster Offizier Sebastian Karst bei der Flugvorbereitung in Franfurt/ Main vor dem Abflug nach Wien. (Littek)

Erster Teil der Reise: das Einsteigen in den Crewbus. Von hier aus werden die Lufthansa-Besatzungen zu ihren Maschinen gebracht. (Littek)

Die »India Uniform« ist gerade aus Warschau kommend gelandet. Für die Kabinenbesatzung beginnt gleich die Arbeit an Bord. (Littek)

Die Boeing 737-500 auf ihrer Vorfeldposition in Franfurt/Main. (Littek)

Ermittlung der Geschwindigkeit des Flugzeugs. Sie dürfen auf keinen Fall verschmutzt oder irgendwie verstopft sein. Nach dem Ende des Kontrollgangs nimmt auch Kapitän Nils Ecke im Cockpit Platz. Die Flugvorbereitung ist jetzt beinahe abgeschlossen. Die Tür zum Cockpit wird geschlossen und die Passagiere erreichen mit Bussen die Maschine.

Um 12:57 Uhr lassen die Piloten die Triebwerke an. Die Motoren werden nacheinander gestartet. Während des Startvorgangs beobachten die Piloten aufmerksam die Triebwerksinstrumente in der Mitte des Cockpits vor ihnen. Beide Motoren laufen fehlerfrei. Jetzt werden die Steuerorgane der Maschine getestet. Alles funktioniert wie es sein sollte. Der Kapitän schiebt langsam die Schubhebel vor und das Flugzeug setzt sich in Bewegung. Der Start wird bei diesem Flug auf der Startbahn 18 erfolgen. Die Nummer 18 gibt an, dass die Piste in Richtung 180° ausgerichtet ist. Der Start erfolgt also genau in südlicher Richtung.

Während des Rollens gehen die Piloten die »Taxi Checklist« durch, eine von zahllosen Checklisten, die am Boden oder in der Luft abgearbeitet werden. Der Einsatz der Checklisten gehört heute zum Standard im weltweiten Luftverkehr. Dadurch wird sichergestellt, dass die Piloten in der jeweiligen Phase am Boden oder während die Flugs genau die Handgriffe und Einstellungen vorgenommen haben, die während dieser Phase notwendig sind. Das Verfahren dient der Sicherheit. Auf dieser Weise wird verhindert, das die Crew zum Beispiel die Bedienung eines wichtigen Schalters vergisst. Auf dem Boden steuert Kapitän Ecke die Maschine mit einem kleinen Handrad, das sich links von ihm befindet.

Auf dem Frankfurter Flughafen hat sich jetzt der Nebel vollständig gelichtet. Die Sonne scheint. Auf dem Boden herrscht um diese Zeit dichter Verkehr. Vor der Startbahn 18 warten auf dem Taxiway zahlreiche Maschine auf den Start. Als sich die »India Uniform« in die Schlange der wartenden Flugzeuge einreiht, dreht weiter vorn auf der Startbahn gerade ein Airbus A320 auf die Bahn ein und beschleunigt zum Start. Als nächstes ist eine Boeing 737 der Lufthansa mit dem Start dran. Es folgt eine Boeing 747 der Fluggesellschaft Air India, dann eine weiterere A320 der Lufthansa, bevor dann die »India Uniform« an der Reihe ist. Im Cockpit besprechen die Piloten

Kapitän Nils Ecke beim Vorfeld-Check vor dem ersten Abflug des Tages. (Littek)

das Verhalten für den Fall eines Startabbruchs. Auch wenn es sehr unwahrscheinlich ist, kann es theoretisch einmal passieren, dass während des Starts zum Beispiel ein Triebwerk Probleme hat. In diesem Moment müssen die Piloten schnell reagieren. Dann ist keine Zeit mehr für große Diskussionen, dann muss das Teamwork im Cockpit perfekt funktionieren. Damit das möglich ist, wird bereits vorher abgesprochen, wie die Crew in einem solchen Fall vorgehen wird.

Dann ist es endlich soweit: Die Boeing 737-500 hat die Startfreigabe erhalten und rollt zum Start auf die Piste. Die Klappen sind auf 5° gestellt. Kapitän Ecke schiebt die Schubhebel nach vorn. Er wird bei diesem Flug als Pilot Not Flying fungieren, während Kopilot Sebastian Karst Pilot Flying ist. Mit dem Worten »You have control,« übergibt der Kapitän die Maschine an den Ersten Offizier. Der bestätigt und übernimmt das Steuerruder. Langsam beschleunigt die Maschine, wird dann immer schneller. »Eighty« ist die Stimme des Kapitäns zu hören, als der Fahrtmesser die Marke von 80 Knoten anzeigt. Bei 144 Knoten ruft Nils Ecke »Go« aus – die Geschwindigkeit V1 erreicht – sofort gefolgt vom Kommando »Rotate« beim Erreichen der Abhebeschwindigkeit VR, die für diesen Start mit 145 Knoten errechnet wurde. Sebastian Karst zieht leicht am Steuerhorn und die 49 Tonnen schwere Boeing hebt ab. Flug LH 3534 ist jetzt unterwegs nach Wien. An Bord be-

Die Piloten bei der Flugvorbereitung im Cockpit. In der 737-500 geht es auf dem Flugdeck bedeutend enger zu als in Großraumflugzeugen wie der Boeing 767 oder dem Airbus A340. (Littek)

finden sich 71 Passagiere. In einer Höhe von 2400 Fuß (732 m) werden die Klappen auf 1° gesetzt. Die Maschine ist jetzt 180 Knoten schnell, das sind rund 333 km/h, und fliegt in einer leichten Linkskurve. Bei einer Geschwindigkeit von 200 Knoten, in einer Höhe von 2800 Fuß, werden die Flaps ganz eingafahren. Immer wieder rattern die Trimmräder zwischen beiden Piloten und tarieren die Maschine optimal aus. Vor dem Flugzeug bereitet sich ein fantastischer Anblick aus, wie er sich wohl nur dem Betrachter aus dem Cockpit bietet. Über dem Land wölbt sich strahlend blauer Himmel, immer wieder unterbrochen von mächtigen weißen Wolken. Eine besonders große Wolkenwand türmt sich direkt vor der Maschine auf. Doch die Boeing ist schon über der Wolkenhöhe, bevor diese erreicht wird. Auf einem Kurs von 121° fliegt die Maschine jetzt in südöstlicher Richtung, immer noch im Steigflug, mit einer Geschwindigkeit von 282 Knoten. Wenig später schaltet Sebastian Karst den Autopiloten an, der die Maschine auf eine Reiseflughöhe von 33.000 Fuß - 10.058 m - weiter nach Wien führt. Um 13:55 Uhr befindet sich die Boeing schon wieder im Sinkflug. Über der

Blick aus dem Cockpit während des Rollens. (Littek)

österreichischen Metropole ist der Himmel bewölkt. In einer Höhe von 8300 Fuß fliegt die Boeing in die Wolken ein. Der Autopilot steuert die Maschine jetzt in mehreren Kurven in Richtung Flughafen. Hier ist die Landebahn 34 für die Boeing vorgesehen. In einer Höhe von 2900 Fuß werden die Landeklappen auf die Position 1° gestellt. Die Geschwindigkeit beträgt jetzt 207 Knoten. Bei 187 Knoten erfolgt die Einstellung auf 5°. Mittlerweile sind Platz und Landebahn in Sicht. Nur einen Augenblick später wird das Fahrwerk ausgefahren. Das Flugzeug fliegt jetzt in einer Höhe von 2400 Fuß und sinkt weiter. In 2250 Fuß werden die Klappen auf 15° gestellt, in einer Höhe von 1800 Fuß auf 20° und bei 1700 Fuß auf 30°. Das Flugzeug ist jetzt 142 Knoten schnell – rund 263 km/h. »Four-Hundred, Three Hundred...,« gibt eine laut hörbare Computerstimme die Höhe der Maschine in Fuß an. Sebastian Karst steuert das Flugzeug mittlerweile von Hand und hält es dabei präzise auf dem Anflugkurs. Genau auf dem optimalen Punkt auf der Startbahn setzt die Boeing auf und wird sofort abgebremst. Nun übernimmt wieder der Kapitän die Kontrolle der Maschine. Das ist bei der Lufthansa am Boden immer so vorgesehen. Er steuert das Flugzeug über die Taxiways zum vorgesehenen Gate 38 des Wiener Flughafens. Wenig später sind die Passagiere von Bord und das Flugzeug bereit für den Rückflug.

Dieses Mal übernimmt Sebastian Karst, der Kopilot, am Boden den Preflight-Check, bei dem er die Maschine auf sichtbare Schäden hin überprüft. Kurz nachdem er um das Flugzeug gegangen ist, kommen auch schon die Passagiere. Mit 52 Fluggästen wird die Maschine beim Rückflug nicht die Auslastung des Hinflugs haben. Kurz nachdem das Boarding abgeschlossen ist, befindet sich die Boeing auch schon im Pushback. Ein Schlepper schiebt das Flugzeug vom Terminal zurück auf das Rollfeld. Gleichzeitig starten die Piloten im Cockpit die Triebwerke und das Flugzeug rollt aus eigener

Kraft zur Startbahn. Das Callsign bei diesem Flug – die Kennung, mit der die Maschine über Funk von den Fluglotsen angesprochen wird – lautet Lufthansa 03A, gesprochen »Lufthansa Zero Three Alpha«. Die Verwendung von Buchstaben-Zahlen-Kombinationen ist neu. Lufthansa verwendet sie bei Flügen im europäischen Raum, um Missverständnisse durch ähnlich lautende Rufzeichen zu vermeiden. In der Vergangenheit wurden die Maschinen unter Verwendung der Flugnummer angesprochen. Das wäre bei der Boeing der entsprechend der Flugnummer Lufthansa 3535 gewesen. Nun also Lufthansa 03A, nachdem die Maschine auf dem Flug von Frankfurt nach Wien als Lufthansa 51M – »Lufthansa-Five-One-Mike« angesprochen wurde.

Bei diesem Flug tauschen beide Piloten die Aufgaben. Als Pilot Flying fungiert jetzt der Kapitän, während nun der Kopilot als Pilot Not Flying unter anderem für den Funkverkehr zuständig ist. Dieser Wechsel von Teilstrecke zu Teilstrecke des Flugprogramms einer Crew ist weltweit so üblich

Blick auf die Instrumente während des Reiseflugs. (Littek)

und wird von den Piloten in gemeinsamer Absprache vorher so festgelegt.

Bereits beim Rollen zur Startbahn erhält die Besatzung vom Tower die Startfreigabe und kann nach dem Eindrehen auf die Bahn zügig beschleunigen. Bei einer Geschwindigkeit von 130 Knoten ist die zuvor errechnete Startgeschwindigkeit VR erreicht. Kapitän Ecke zieht am Steuerhorn und die Boeing hebt sich ruhig in den Nachmittagshimmel. Jetzt werden das Fahrwerk und wenig später die Klappen, die beim Start auf 5° standen, eingefahren. In einer Höhe von 4900 Fuß bei einer Geschwindigkeit von 247 Knoten schaltet der Kapitän den Autopiloten an. Auch bei diesem Flug gilt das besondere Augenmerk der beiden Piloten dem Aufholen der Verspätung vom Vormittag. Da an diesem Vormittag der Nebel auf dem Frankfurter Flughafen die Abflüge verzögert hat, kam der Flug in Wien mit einer Verspätung von rund 30 Minuten an. Durch die besonders zügige Abwicklung der Arbeiten am Boden in Wien konnte ein Teil der Verspätung bereits wieder abgefangen werden. Beim Start in der österreichischen Metropole lag die Boeing nur noch acht Minuten hinter der eigentlich vorgesehenen Zeit. Kapitän Nils Ecke während des Flugs zu dieser Thematik: »Für uns Piloten hier vorn ist die Abwicklung der Flüge natürlich zunächst einmal Routine. Trotzdem weiß ich, dass für viele Passagiere eine Verspätung großen Stress bedeutet – insbesondere dann, wenn es gilt, Anschlussflüge zu erreichen. Ich selbst bin in meiner Funktion als Leiter der Lufthansa Verkehrsfliegerschule häufig genug auch als Passagier zum Beispiel in Richtung USA unterwegs. Von daher kenne ich auch eigener Erfahrung die Unannehmlichkeiten, die Verspätungen für einen Passagier bedeuten können – und versuche mein möglichstes als Pilot, verloren gegan-

gene Zeit wieder aufzuholen. Ich weiß, dass die Kollegen genauso denken.«
Mittlerweile hat die Boeing die Reiseflughöhe von 32.000 Fuß erreicht und fliegt auf
einem Kurs von 288° nach Nordwesten. Nach nur kurzem Flug verlässt die Maschine
um 15:30 Uhr bereits wieder die Reiseflughöhe und beginnt mit dem Sinkflug. Vom
Fluglotsen bekommt die Crew eine Abkürzung auf dem Weg zum Flughafen zugewie-
sen. Wieder rattern die Trimmräder zwischen den Piloten. In einer Höhe von 7000 Fuß
durchfliegt die Boeing die Wolken. Leichte Turbulenzen sind im Flugzeug zu spüren.
Die Geschwindigkeit beträgt jetzt 298 Knoten. In einer Höhe von knapp unter 3000
Fuß werden die Klappen auf 1° gesetzt, weniger später auf 5°. Das Flugzeug ist 185
Knoten schnell, als die Piloten in einer Höhe von 2300 Fuß das Fahrwerk ausfahren.
Vorgesehen ist eine Landung auf der Bahn 25R des Frankfurter Flughafens. Die Piste
ist aus dem Cockpit bereits gut zu sehen. Parallel dazu verläuft links die Landebahn
25L. Weitere Klappeneinstellungen folgen und wieder sagt die Computerstimme die
Höhe an, bevor die Boeing schließlich auf der Landebahn aufsetzt – es ist 15:53 Uhr,
15 Minuten vor der Zeit. Viele Passagiere werden es den Piloten danken.
In Frankfurt nimmt die Maschine wieder eine Position auf dem Vorfeld ein. Viel Zeit
hat die Crew nicht. Der Flug nach Basel soll schon in Kürze starten. Zuvor aber muss
die Maschine erneut bedankt und gereinigt werden. Ein Cateringfahrzeug bringt neue
Verpflegung an Bord und die Piloten erhalten die Briefingunterlagen für den Weiterflug an die Maschine geliefert. Hierfür ist die Flugnummer LH 3814. Das Rufzeichen
lautet Lufthansa 9FY, gesprochen »Lufthansa Niner Foxtrott Yankee«.
Dann kommen auch schon per Bus die Passagiere zur Maschine und gehen an Bord.
Um 17:08 Uhr sind die Türen des Flugzeugs geschlossen und die Besatzung startet
die Triebwerke. Während die Motoren einer nach dem anderen langsam hochlaufen,
beobachten die Piloten wie immer aufmerksam die Instrumente. Alles funktioniert so,
wie es funktionieren sollte. Kapitän Nils Ecke schiebt die Schubhebel der Boeing leicht
nach vorn. Flug LH 3814 auf dem Weg nach Basel setzt sich langsam in Bewegung.
Startbahn ist wieder die 18. Nach Absprache der Piloten wird Kapitän Ecke bei diesem
Streckenabschnitt als Pilot Flying fungieren. Noch vor dem Eindrehen auf die Start-
bahn hören die Piloten im Kopfhörer, dass sie »cleared for take off« sind und damit die
Startfreigabe haben. Das Flugzeug dreht auf die Bahn ein und beschleunigt.
Wenig später ist die Boeing in der Luft und klettert auf eine Reiseflughöhe von 23.000
Fuß, die um 17:25 Uhr erreicht ist. Der Flug nach Basel ist nur kurz. Schon um 17:32
Uhr verlässt die Boeing wieder die Reiseflughöhe und befindet sich im Sinkflug. Kurze
Zeit später ist die Maschine in Basel gelandet. Und schon um 18:28 Uhr erfolgt der
Pushback für den Rückflug nach Frankfurt. Dieses Mal ist die Maschine besser aus-
gelastet. An Bord befinden sich 80 Fluggäste. Mit einem Startgewicht von 46 Tonnen
hebt die Maschine auf der Startbahn 34 des Baseler Flughafens mit einer Geschwindigkeit von 138 Knoten wieder zum Rückflug nach Frankfurt ab. Als Pilot Flying fungiert wieder Sebastian Karst. Erneut ist der Flug nur kurz. Um 19.30 Uhr kommt die
Boeing in Frankfurt an. Landebahn ist dieses Mal die 25L. Für die Piloten ist damit aber
noch nicht das Ende ihres täglichen Dienstes erreicht. Sie werden die Maschine jetzt
noch nach Lyon in Frankreich fliegen. Nach einer Nacht im Hotel geht es dann am
nächsten Tag um die Mittagszeit nach Frankfurt zurück.

Berufe aus der Welt der Luftfahrt

Immer auf dem Prüfstand: der Beruf des Piloten

Kein Zweifel, Flugkapitän stellt für viele Menschen nach wie vor ein Traumberuf dar: Flüge zu exotischen Zielen, die Faszination der Technik und natürlich des Luftverkehrs, die Ausstrahlung dieses Berufs, der Hauch Abenteuer und nicht zuletzt ein gutes Einkommen tragen mit dazu bei, dieses Bild im Bewusstsein der Öffentlichkeit zu schaffen.

Nicht ganz zu unrecht. Piloten haben eine große Verantwortung, fliegen gerade auf der Langstrecke tatsächlich viele exotische Orte an und beherrschen eine faszinierende Technik. Gleichzeitig hat der Beruf des Piloten aber auch seine Schattenseiten. Um in schillernde Städte wie Bangkok, New York oder Sydney zu gelangen, müssen zunächst monotone Nachtflüge dorthin geleistet werden. Ein pensionierter Flugkapitän brachte es einmal spöttisch in einem Gespräch auf den Punkt: »Wenn ich das typische Feeling eines Langstrecken-Nachflugs noch einmal erleben will, setze ich mich nachts um 3:00 Uhr an meinen Schreibtisch, schalte die Schreibtischlampe an und starre durch das Fenster in die Nacht.«

Zu den Nachteilen gehören außerdem die unregelmäßigen Arbeitszeiten und die langen Abwesenheiten von zu Hause, die Familienleben und Freizeitaktivitäten erschweren. Ist ein Pilot auf der Kurzstrecke beschäftigt, sind monotone Nachtflüge natürlich weniger

Theoretischer Unterricht in der Lufthansa Verkehrsfliegerschule in Bremen. (Lufthansa)

In der Lufthansa Verkehrsfliegerschule in Bremen arbeitet ein Flugschüler eine Flugroute aus. (Lufthansa)

das Problem. Dafür verlieren die angeflogenen Destinationen schnell ihre Faszination. Häufig besteht gar keine Gelegenheit sich einen Ort anzusehen, da die Maschine sofort zurückfliegt. Nicht anders ist es für die Piloten in den Cockpits der Urlaubsflieger. Selbst weiter entfernt liegende Ziele wie die Kanarischen Inseln werden meist so angeflogen, dass die Crew am Ende ihres Arbeitstages wieder in Deutschland ist.

Die Ausbildung zum Verkehrspiloten ist hart und anspruchsvoll. Wer sich dafür entscheidet, sollte sich zuvor eingehend darauf überprüft haben, ob dieser Beruf für ihn oder sie auch wirklich der richtige ist und dabei nicht nur die Sonnen-, sondern auch an die Schattenseiten denken. Außerdem steht am Anfang ein äußerst hartes Auswahlverfahren das es zu bestehen gilt, bevor überhaupt mit der Ausbildung begonnen werden kann.

Teamtraining im Cockpit in der Lufthansa Verkehrsfliegerschule in Bremen. (Lufthansa)

Die praktische Ausbildung der zukünftigen Lufthansa-Piloten erfolgt zum Teil in Arizona – hier ein Schulflugzeug vom Typ Piper Seneca V. (Lufthansa)

Die Ausbildung wird weltweit zumeist an privaten Flugschulen durchgeführt. Zu den renommiertesten gehören die Schulen, die den großen Fluggesellschaften angegliedert sind. Bei der eigentlichen Ausbildung wechseln sich meist theoretische und praktische Studienblöcke ab. Nach der Ausbildung erfolgt bei allen Airlines der erste Einsatz als Kopilot auf einem bestimmten Flugzeugmuster. Je nach Fluglinie schließen sich dann in der weiteren Karriere Umschulungen auf andere Flugzeugmodelle und die Ernennung zum Kapitän an. Das kann – je nach Unternehmen – schon nach drei bis fünf Jahren der Fall sein, aber auch sehr viel länger dauern. Die Voraussetzungen dafür sind je nach Unternehmensphilosophie ganz unterschiedlich. Für viele Piloten bieten sich darüber hinaus Möglichkeiten, zusätzliche Management-Tätigkeiten zu übernehmen. Beispiele sind die Zuständigkeit für den Bereich Flugsicherheit, für die Qualitätskontrolle, die Leitung des Flugbetriebs oder von Teilen der Flotte. Andere Piloten organisieren die Einführung eines neuen Flugzeugmusters oder auch kleinere Projekte wie die Vorbereitung der Aufnahme eines neuen Flughafens in den Flugplan der jeweiligen Airlines.

Die Ausbildung zum Pilot in der Lufthansa-Verkehrsfliegerschule

Wie andere Fluggesellschaften stellt auch die Lufthansa hohe Anforderungen an ihre zukünftigen Piloten. Deshalb prüft die Fluggesellschaft in einem speziell entwickelten Auswahlverfahren zunächst die Kenntnisse und Fähigkeiten der Bewerber. »Wir suchen technisch interessierte Teamplayer«, bringt es der Leiter der Fliegerschule Nils Ecke auf den Punkt. Bei einer großen Fluggesellschaft spielen Cockpit, Kabine und Kollegen am Boden wie in einer Fußballmannschaft zusammen. Für Einzelkämpfer ist kein Platz – weder im Büro noch im Flugzeug.

Wer das strenge Auswahlverfahren überstanden und die Zulassung zur Schulung in der Tasche hat, für den beginnt die Ausbildung in einem der über das Jahr verteilten zehn Grundkurse bei Lufthansa-Flight Training in Bremen. Junge Menschen, die sich für die Arbeit im Cockpit entscheiden, erhalten bei Lufthansa eine Ausbildung, die in vielen Details weit über den gesetzlich vorgegebenen Rahmen hinausgeht. Die Fliegerschule der Lufthansa bildet seit 50 Jahren Pilotennachwuchs aus. Die ursprüngliche kleine Flugschule ist in fünf Jahrzehnten zu einem weltweit beachteten und anerkannten Unternehmen gewachsen, das bis heute über 6700 junge Männer und Frauen zu Piloten ausgebildet hat.

1986 ließ Lufthansa erstmals auch Frauen für die Cockpitausbildung zu. Nicola Lisy war eine der ersten, die sich seinerzeit im Eignungstest für die Pilotenlaufbahn qualifizierten. Und als sie zusammen mit Evi Hetzmanseder im August 1988 ihren Dienst als Kopilotin auf einer Boeing 737 bei Lufthansa antrat, verursachte das noch einen großen Medienrummel. Heute gehören Pilotenanwärterinnen längst zum Alltag der Verkehrsfliegerschule in Bremen und zur internationalen Linienfliegerei.

In der Fliegerschule der Lufthansa erhalten die künftigen Piloten das Rüstzeug für den direkten Einstieg in Jetflugzeuge. Dabei hilft das Unternehmen bei der Finanzierung des Berufstraums. Der Eigenanteil von rund 41.000 Euro, den jeder Schüler zu leisten hat – die Kosten pro Schüler liegen weitaus höher – wird komplett von Lufthansa vorfinanziert und muss erst später zurückgezahlt werden, wenn man bei der Lufthansa im Liniendienst arbeitet.

Eine Erweiterung zur klassischen Schulung bietet der internationale Studiengang für Luftfahrtsystemtechnik und -management (ILST). Der achtsemestrige ILST verbindet die herkömmliche Schulung zum Verkehrsflugzeugführer mit einem Bachelor-Studium. Seit mehr als zehn Jahren bietet die Lufthansa-Flight Training Bremen in Zusammenarbeit mit der Hochschule Bremen diese Möglichkeit und immer mehr Bewerber nutzen die kombinierte Ausbildung, um ihre berufliche Ausbildung auf eine breitere ingenieurwissenschaftliche Basis zu stellen. »Mit dem Studium on top, fühle ich mich nicht nur für meinen künftigen High-Tech-Arbeitsplatz bestens gerüstet, sondern auch für das Anforderungsprofil eines sich schnell wandelnden Berufsbildes, das ebenso Managementqualitäten wie betriebswirtschaftliche und systemtechnische Kenntnisse voraussetzt«, sagt Manuel Thiel, im achten Semester am ILST.

Wie werde ich Lufthansa-Pilot?

• Erster Schritt: Passt der Beruf zu mir?

Wer sich für den Beruf des Piloten interessiert, muss nicht nur Interesse an Luftfahrt und Technik haben. Im späteren Pilotenalltag sind Intelligenz, Geschicklichkeit sowie Teamgeist und Offenheit gefordert. Gleichzeitig verlangt der Beruf viel Verständnis und Kooperationsbereitschaft über Landes-, Kultur-, und Sprachgrenzen hinweg, denn Einsatzort ist die ganze Welt.

• **Zweiter Schritt: Auswahltests**

Ein zweistufiges Auswahlverfahren prüft einerseits allgemeine Anforderungen, die im Pilotenalltag wichtig sind: Dazu zählen Mehrfachbelastbarkeit, räumliches Vorstellungsvermögen und die Fähigkeit zur Teamarbeit. Die Tests in diesem Teil sind für die meisten Bewerber die größte Hürde. In einem zweiten Schritt prüft Lufthansa in einem Einzelgespräch mit Vertretern der Auswahlkommission, ob der Bewerber ins Unternehmen passt. Abschließend kommt die medizinische Untersuchung nach den Vorgaben der Luftfahrtbehörden und den speziellen Vorgaben von Lufthansa.

• **Dritter Schritt: Schulung in Bremen und Arizona**

Im ersten Teil der Theorieausbildung in Bremen lernen die angehenden Piloten zunächst die theoretischen Grundlagen. Daran schließt sich eine Praxisphase in Phoenix/Arizona an: Basistraining im einmotorigen Propellerflugzeug, der erste Alleinflug und später längere Überlandflüge, um theoretisch gelernte Grundlagen von Navigation und Flugplanung in der Praxis anzuwenden. In der zweiten Theoriephase in Bremen geht es vor allem um die Grundlagen der europäischen Luftraumstruktur, um Verfahren in der professionellen Luftfahrt und um die internen Lufthansa-Abläufe. Auf einer zweimotorigen Piper Cheyenne lernen die Nachwuchspiloten dann detailliert den Ablauf des späteren Linienflugbetriebs. Für diesen Lernabschnitt stehen sowohl Vollsimulatoren dieses Typs als auch Flugzeuge zur Verfügung.

• **Vierter Schritt: Touch and Go und Linientraining**

Nach einem mehrwöchigen Simulatortraining und im Anschluss beim Landetraining (das heißt landen und sofort wieder starten) lernen die Nachwuchspiloten das Flugverhalten von Airbus A320, Airbus A300 oder Boeing 737 kennen. Diese Flugzeugtypen sind die Einstiegsflugzeuge für junge Piloten im Lufthansa-Linienbetrieb. Nach erfolgreichem Training folgt die Einweisung und damit der Übergang in den Linienbetrieb. Dazu starten die Nachwuchspiloten gemeinsam mit erfahrenen Besatzungen in den Liniendienst und werden von den Kollegen mit den Abläufen im fliegerischen Alltag vertraut gemacht.

Details zu den Voraussetzungen und zum Ablauf finden Interessenten unter **www. lufthansa-pilot.de.** Über dieses Portal laufen auch die Bewerbungen. Ebenfalls dort finden sich Informationen für diejenigen, die die Schulung zum Flugzeugführer mit einem Hochschulstudium kombinieren möchten.

Freundliche Aussichten:
die Ausbildung zum Flugbegleiter

Auch der Beruf des Flugbegleiters gehört noch immer zu den Traumberufen des Luftverkehrs, den viele Menschen gerne ergreifen würden. Bei den Gründen gibt es viele Ähnlichkeiten zum Beruf des Piloten. Auch beim Beruf des Flugbegleiters locken ferne Destinationen und der Hauch der großen weiten Welt. Neben vielen schönen Aspekten hat aber auch dieser Beruf seine Härten, die nicht zu unterschätzen sind. Immer freundlich und verbindlich zu sein, auf Langstrecken die häufigen Zeitumstellungen und die unregelmäßigen Arbeitszeiten liegen nicht jedem. Und nicht unterbewerten sollte man einen anderen Aspekt, den gerade Piloten und Pilotinnen im Zusammenhang mit der Arbeit ihre Kollegen im hinteren Teil des Flugzeugs immer wieder bewundernd zum Ausdruck bringen: »Die Flugbegleiter müssen oft ganz schön arbeiten.« Wobei »ganz schön arbeiten« tatsächlich körperliche Anstrengungen meint. Denn die Getränkewagen in Eile den langen Gang hinaufzuschieben, kann eine gehörige Portion Kraft kosten, besonders dann, wenn sich die Maschine im Sink- oder Steigflug befindet und das Schieben »den Berg hinauf« erfolgt. Wenn das Ganze dann noch unter Zeitdruck erfolgt, weil die Landung kurz bevorsteht, gleichzeitig die Passagiere immer neue Wünsche äußern, kann das ganz durchaus an die persönliche Substanz gehen. Zusätzlich belastend wirken gestresste, ungeduldige oder unfreundliche Fluggäste. Immerhin – auch das sollte nicht vergessen, wer sich für diesen Beruf interessiert – rund 70.000 Mal randalieren weltweit pro Jahr nach Angaben von Pilotenvereinigungen Passagiere in Verkehrsflugzeugen. Schuld sind Stress, enge Bestuhlung und Alkoholkonsum. Auch damit müssen sich die Flugbegleiter auseinandersetzen. Wichtige Voraussetzungen für diesen Beruf sind also ein bestimmtes Auftreten und eine freundliche Ausstrahlung.
Bei der Einstellung wird auf ein gepflegtes Erscheinungsbild und normales Gewicht Wert gelegt, häufig wird eine Mindestgröße verlangt. Die Lufthansa zum Beispiel setzt sie bei 160 cm an. Weitere Anforderungen: eine hohe Serciceorientierung, die Fähigkeit zur Diplomatie auch in schwierigen Situationen, fließendes Deutsch und Englisch und interkulturelle Kompetenz.
Die Ausbildung zum Flugbegleiter kann sich von Fluggesellschaft zu Fluggesellschaft unterscheiden. Bei der Lufthansa dauern Schulung und Training der Flugbegleiter-Kandidaten acht Wochen. Es finden zwei Einweisungsflüge an Bord statt. Im Beruf erfolgt dann eine ständige praxisnahe Weiterbildung der Mitarbeiter. Als berufliche Perspektive ist ein Aufstieg zum Purser möglich. Der Purser oder die Purserette sind die Vorgesetzten der Flugbegleiter im Flugzeug.

Manager in der Kabine

Purser II – vom Steward zum Manager

Sie sind die Manager der Kabine: die Purser II, wie die verantwortlichen Flugbegleiter in Großraumflugzeugen heißen. Der Beruf führt den Purser II nicht nur in die große weite Welt, er hat vor allem verantwortungsvolle Aufgaben zu übernehmen. Er ist als Führungskraft in einem mobilen System tätig und trägt viel Verantwortung für die gesamte Kabinencrew und die Passagiere an Bord. Der Arbeitsplatz sind die Langstreckenflugzeuge zwischen Frankfurt, New York, San Francisco, Hongkong oder Tokio.

Sabine Schwarz-Odewald fliegt als Purser II bei Lufthansa und hat viel Erfahrung in ihrem Job über den Wolken gesammelt. »Es ist wahrscheinlich der beste Job, den man bei Lufthansa haben kann«, sagt die junge Frau. Für sie und ihre Kolleginnen und Kollegen hat sich das Aufgabenspektrum als Kabinenchefin oder Kabinenchefs in den vergangenen 25 Jahren grundlegend verändert.

So wie für alle Flugbegleiter, beginnt der Flug auch für den Chef-Steward bereits am Boden. Schon zu Hause bereitet er sich am heimischen Computer auf seinen anstehenden Einsatz vor. Er erhält alle erforderlichen Informationen für den bevorstehenden Flug. Zum Beispiel über den Flugzeugtyp, der in den nächsten Tagen sein Arbeitsplatz über den Wolken sein wird.

Jedes Flugzeugmuster hat seine technischen Besonderheiten. Die so genannten Galleys, in denen Speisen und Getränke für die Passagiere vorbereitet werden, sind von Typ zu Typ verschieden. Und die Bedienelemente für die Beleuchtung oder die Bordunterhaltungsanlage weichen ebenfalls in den unterschiedlichen Flugzeugen voneinander ab. Beim Betreten der Kabine sollte vor allem der Kabinenchef »blind« wissen, wo die Bedienelemente sind.

Die zweite Phase der Vorbereitung findet am Flughafen statt. Im Crewcenter an der Lufthansa-Basis zieht sich der Purser II Buchungsdaten und diverse andere Unterlagen aus dem Computer. Alle diese Informationen benötigt er für das so genannte »Briefing«, die Besprechung vor dem jeweiligen Flug.

Beim Kabinenbriefing verschafft er sich einen ersten Eindruck von seiner »Mannschaft«. Ist die Crew nicht komplett, muss ein Stand-by-Kollege aktiviert werden. Dann beginnt die Einstimmung auf den Flug. Nicht nur auf die Vermittlung von Informationen oder die Überprüfung der Emergency-Kenntnisse der Kollegen kommt es dabei an. Von seiner Fähigkeit des Purser II, zu motivieren und den Teamgeist zu stärken, hängt häufig die Stimmung innerhalb der Crew während des gesamten Flugs ab.

Zentrale Bedeutung hat die Begrüßung der Fluggäste beim Einstieg. Es ist wichtig, genau zu registrieren, wer an Bord kommt. Gerade beim Einsteigen kann es schon einmal hektisch werden in der Kabine. Auch dann ist der Purser II gefordert. Stets muss er den Überblick bewahren und dafür sorgen, dass sich die mögliche Hektik nicht auf die Passagiere überträgt.

»Der Großraumpurser zählt nicht unbedingt ab, wie viele Brötchen im Korb liegen«, sagt Sabine Schwarz-Odewald. »Es geht um die Rahmenbedingungen des Flugs, um die Philosophie des Lufthansa-Services.« Die Kompetenz des Purser II ist in allen nur erdenklichen Situationen, die während des Flugs eintreten können, gefragt. Natürlich besonders bei medizinischen Problemen. Wenn ein Passagier an Bord erkrankt, kommt es vor allem auf eine gute Koordination und Kommunikation mit dem Cockpit an. Denn im Ernstfall müssen wichtige Entscheidungen gemeinsam mit der Cockpit-Crew getroffen werden.

Der Kabinenchef muss auch über ein umfassendes technisches Verständnis verfügen. Er ist beispielsweise für das Unterhaltungssystem zuständig. Und das ist nicht mit einem einzigen Knopfdruck getan. Eine komplexe High-Tech-Stereoanlage, die über mehrere Sektionen in der Kabine verteilt ist, steuert die Musik- und Filmprogramme im Flugzeug. Am so genannten Purser Control Panel kontrolliert der Kabinenchef, ob alles reibungslos läuft. Sollte das einmal nicht der Fall sein, muss er den Fehler beheben können.

Wer Purser II werden will, muss über eine ganze Palette an persönlichen und fachlichen Fähigkeiten verfügen. Der Kandidat muss seine Führungsqualität bereits als Kurzstreckenpurser unter Beweis gestellt haben. In einer Eignungsuntersuchung durchläuft der Bewerber anschließend psychologische Tests und Rollenspiele.

Wer alle Hürden nimmt, absolviert noch eine viermonatige Ausbildung. Nach einer festgeschriebenen Anzahl von Flugstunden in der Funktion als Purser I und in Abhängigkeit vom Dienstalter, in der Regel nach acht bis zwölf Jahren, kann man bei der Lufthansa Purser für die Großraumflugzeuge werden.

Bleibt die Frage, wie man denn nun eigentlich einen weiblichen Purser korrekt anspricht. Frau Purserin? Oder doch eher Frau Purserette? »Eine ganz grässliche Wortwahl«, sagt Schwarz-Odewald und lacht. »Ich glaube, Purser ist so korrekt.« Wer auf Nummer sicher gehen will, spricht den Chef-Steward am besten mit seinem Namen an. Das Namensschild prangt gut sichtbar an der Uniform.

Ein Stück Heimat an Bord: regionale Flugbegleiter

»Ni hao« – »sawadi kap« – »konnichiwa« – »Guten Tag und herzlich Willkommen« – unterschiedliche Sprachen sind Alltag bei der Lufthansa. Die Fluggäste müssen nicht auf vertraute Sprachen verzichten. Seit mehr als 40 Jahren sind auf internationalen Flügen die so genannten regionalen Flugbegleiterinnen und Flugbegleiter an Bord und vermitteln dadurch ein Stück Heimat unterwegs. Hauptsächlich auf Asien-Flügen setzt die Lufthansa verstärkt muttersprachliche Flugbegleiter ein.

Zwei Flugbegleiter, die den China-Flügen bei Lufthansa einen »local touch« geben, sind Fang Ran und Yin Zhen. Für die in Frankfurt stationierten Chinesen ist das Leben weit weg von zu Hause oft nicht einfach. »Wir leben anders als in Peking«, sagen sie . »Für mich ist Deutschland eine große Herausforderung, vor allem die Sprache«, kommt von

Fang Ran. Die Chinesin fliegt seit September 2001 für die Lufthansa. Aus einer Pekinger Zeitung hat sie erfahren, dass die Airline Flugbegleiter sucht. »Zuvor arbeitete ich in Peking in der Buchführung bei Canadian Airlines. Doch das Fliegen war schon immer mein Traum.« Yin Zhen kommt ursprünglich aus einem ganz anderen Beruf. Der freundliche Chinese arbeitete an der Rezeption eines Hotels in Peking und ist seit Oktober 2001 bei der Lufthansa. Chinesische Flugbegleiter müssen Englisch und die chinesische Staatssprache Mandarin beherrschen. Auch Kantonesisch ist von Vorteil. Außerdem müssen sie nach zwei Jahren

Schulung von indischen Flugbegleitern. (Lufthansa)

Deutsch sprechen können. Pro Monat sind für diesen Unterricht drei Tage vorgesehen. Um den ersten »Kulturschock« in Deutschland besser zu verdauen, übernehmen deutsche Kollegen eine Art »Paten-Funktion« für die chinesischen Mitarbeiter. Sie stehen ihnen bei alltäglichen Dingen wie der Wohnungssuche zur Seite. Ihr Verhältnis zu den deutschen Kollegen sei sehr gut, betonen Fang Ran und Yin Zhen übereinstimmend.

Yin Zhen und Fang Ran sehen sich selbst als Mittler zu den chinesischen Passagieren. »Wir werden oft, besonders von älteren chinesischen Fluggästen hilfesuchend angeschaut, da sie die englischsprechenden Kollegen nicht verstehen«, erklärt Fang Ran. »Ausländische Fluggäste finden es gut, bei einer europäischen Fluggesellschaft auf Landsleute im Service zu treffen, die sich um sie kümmern und in ihrer Sprache mit ihnen sprechen«, weiß Simone Harth, die bei Lufthansa die ausländischen Flugbegleiter betreut. »So werden Sprachbarrieren überwunden und ein besseres Kulturverständnis geschaffen.« In den Ess-, und Trinkgewohnheiten zum Beispiel gibt es teilweise große Unterschiede zu europäischen Fluggästen. Auch das Höflichkeitsverständnis der Asiaten unterscheidet sich von dem der Europäer. Manche wirken schon mal auf Flugbegleiter ruppig. Doch das hat nichts mit vermeintlich schlechten Manieren, sondern eher mit der chinesischen Erziehung zu tun. »Danke« und »Bitte« benutzt man nicht überall so häufig wie in Deutschland«, weiß Simone Harth. »In manchen Kulturkreisen denkt man, dass es distanziert und oberflächlich klingt«.

Ein weiteres Beispiel: Zurückhaltung ist in der chinesischen Kultur das oberste Gebot. Der Deutsche ist in den Augen von Fang Ran und Yin Zhen ordentlich, nett, genau - und fällt gerne mal mit der Tür ins Haus. »Unter Chinesen werden Probleme niemals offen angesprochen und niemand sollte öffentlich kritisiert werden«, so Yin Zhen. Er findet die deutsche Direktheit jedoch sehr sympathisch: »Direktheit ist nicht nur in der Kabine einfacher für die Kommunikation. Sie führt zu weniger Missverständnissen«, sagt er. Der Einsatz der regionalen Flugbegleiter ist auf den entsprechenden Strecken mittlerweile ein wichtiges Serviceargument. Trotz multikultureller Begegnungen, die man jeden Tag und vielerorts erlebt: Eine fremde Sprache oder eine fremde Kultur verunsichern nach wie vor. Dann ist es ein gutes Gefühl, ein Stück Heimat auch auf der Reise in die Ferne oder wieder zurück mit an Bord zu haben; bis zum nächsten Mal bei Lufthansa: »Zài jiàn« – »sayonara« und »auf Wiedersehen«.

Alles im Blick: der Fluglotse

Rund 1400 Flugbewegungen zählt allein der Rhein-Main-Flughafen in Frankfurt an jedem Tag. In Spitzenzeiten fallen hier bis zu 90 Starts und Landungen in der Stunde an. Dieses Verkehrsaufkommen sicher, reibungslos und effizient abzuwickeln, ist Aufgabe der Fluglotsen. Sie überwachen und führen den Luftverkehr am Tag und in der Nacht. Dabei fungiert der Fluglotse am Boden als Partner des Piloten in der Luft. Er lotst die Maschinen durch seinen Sektor, weist den Piloten Kurse und Flughöhen zu. Wer sich für diesen Beruf entscheidet, darf zunächst ein Höchstalter von 24 Jahren nicht überschreiten. Auch muss er Abitur vorweisen können. Unabdingbare Voraussetzung sind darüber hinaus sehr gute englische Sprachkenntnisse. Wie bei der Pilotenausbildung müssen sich auch die Bewerber für den Beruf des Fluglotsen in der Bundesrepublik zunächst einem Eignungstest unterziehen. Ist der Test bestanden, hat der Bewerber einen wichtigen Schritt auf dem Weg zum Beruf des Fluglotsen geschafft.

Towerlotsen haben direkten Blickkontakt zu den Maschinen, mit denen sie zusammenarbeiten. (Archiv Littek)

Die Ausbildung, die sich daran anschließt, gliedert sich in eine theoretische und eine praktische Phase. Die Zeitdauer ist unterschiedlich, je nachdem, ob der angehende Fluglotse später als Centerlotse oder als Towerlotse arbeiten wird. Die Arbeit des Towerlotsen beschränkt sich auf den unmittelbaren Bereich um den Fluglotsen. Hier koordinieren die Lotsen per Sprechfunk den Flugverkehr auf den Rollwegen, auf den Start- und Landebahnen sowie in Flughafennähe. Der Towerlotse sieht in der Regel auch die Maschinen mit denen er zu tun hat.

Anders die Centerlotsen. Sie übernehmen die Kontrolle auf allen Stecken, die sich nicht in der unmittelbaren Nähe der Flughäfen befinden. Die Centerlotsen überwachen den Verkehr auf dem Radarschirm. Dabei können die Lotsen die Flugbewegungen sehr gut erkennen. Ein optischer Kontakt zu den Flugzeugen besteht hierbei im Gegensatz zum Towerlotsen aber nicht.

Die Flugstrecken der Maschinen führen durch mehrere Sektoren, für die jeweils ein Lotsenteam verantwortlich ist. Die Teams setzen sich aus einem Lotsen am Radarschirm und einem Koordinationslotsen zusammen. Der Lotse am Radarschirm gibt den Piloten per Funk konkrete Anweisungen für ihren Flug. Der Koordinationslotse koordiniert die Abläufe mit benachbarten Sektoren mit der Hilfe von Computer und Telefon.

Towerlotsen bei der Arbeit. (DFS)

Bei der Ausbildung zum Centerlotsen dauert die Grundlagenausbildung zunächst 16 Monate. Daran schließt sich dann der praktische Teil der Ausbildung »on-the-job« an. Dieser dauert zwölf bis 18 Monate. Beim Towerlotsen beträgt die Dauer der Grundlagenausbildung 13 Monate, während der praktische Teil acht bis 15 Monate dauert. Die theoretische Ausbildung findet in der Flugsicherungsakademie in Langen bei Frankfurt/Main statt. Nach einer mehrmonatigen theoretischen Unterrichtsphase folgen erste Übungen am Simulator, die dann wieder durch theoretischen Unterricht vertieft werden. Zu den Fächern gehören Flugverkehrskontrolle, Navigation, Luftrecht, Flugzeugtypenkunde, Flugwetterkunde, Luftfahrtenglisch, Notfall- und Sprechfunkverfahren. Der praktische Teil der Ausbildung findet dann in einem Kontrollzentrum oder einem Kontrollturm in Deutschland statt.

Lotsen und Piloten trainieren gemeinsam im Simulator

Kurz nach Erreichen der Reiseflughöhe auf dem Flug von Nürnberg nach Frankfurt leuchten im Cockpit einer mit 120 Passagieren besetzten Lufthansa Boeing 737-500 vier Kontrolllampen gleichzeitig auf. Auf zusätzlichen Überwachungsinstrumenten wird dem Ersten Offizier der Verlust von Flüssigkeit in beiden Hydrauliksystemen signalisiert. Ein kniffliges Problem für die Crew. Die Boeing kann in diesem Zustand nur noch manuell unter erhöhtem Kraftaufwand geflogen und – was erschwerend hinzu kommt – gelandet werden. Der Kapitän ruft Radar Langen und erklärt die Luftnotlage, dass es einen Hydraulikverlust und Schwierigkeiten beim Halten der Höhe gibt. Laut Vorschriften muss in einem solchen Fall die Kabine für eine Notlandung vorbereitet werden, was Zeit kostet. Zu allem Überfluss meldet Frankfurt Nebel mit einer Sichtweite um 200 m, was unter den technischen Umständen eine Landung dort unmöglich macht.

Nach einer erneuten Wetterabfrage bei den Fluglotsen für Nürnberg entscheidet sich die Crew für eine Rückkehr zum Startplatz und informiert Langen entsprechend. Die Kontroller koordinieren mit ihren Kollegen den Anflug der Boeing in Nürnberg, der gesamte Verkehr muss entsprechend der neuen Lage gesteuert werden, die einzige Landebahn in Nürnberg wird nach der Notlandung für einige Zeit blockiert sein. Nachdem die Crew an Bord der Boeing ebenfalls die notwendigen Vorsorgemaßnahmen getroffen hat, erbittet sie um sofortige Landeerlaubnis und wird als Nummer eins freigegeben und vor allen anderen Flugzeugen direkt zum Nürnberger Flughafen geführt.

Eine Szene, die sich täglich wiederholen kann, sich aber glücklicherweise meistens nur etwa in 5 m Höhe über dem Boden – nämlich im Simulator – abspielt. Für Piloten ist es Routine, immer wieder geübter Alltag, damit sie im Fall des Falles auf den Eventualfall vorbereitet sind und ihn professionell abarbeiten können. Eines nur fehlt weitgehendst beim vielfältigen und inzwischen sehr realistisch ablaufenden Simulatortraining: das im wahrsten Sinne äußere Umfeld, der Luftraum, in dem sich die simulierten Flüge bewegen. Die Verkehrssituation, die Staus, die an vielen Flughäfen fast normal sind, werden in dem Training so gut wie gar nicht berücksichtigt.

Tatsächlich gibt es allerdings seit 1996 zaghafte Versuche, das Pilotentraining auch bezüglich der Flugverkehrskontrolle praxisnäher zu gestalten und gleichzeitig auch Fluglotsen mit in das Trainingsprogramm einzubeziehen. Unter dem Namen »JOINT« (Joint Operational Incident Training) wurde ein Programm gestartet, in dem die Lufthansa, Lufthansa Flight Training und Deutsche Flugsicherung (DFS) zusammenarbeiten. Die Qualität der Sicherheit zu erhöhen ist für beide Seiten das Ziel.

Im Gegensatz zu den Piloten gab es für Fluglotsen keine zwingenden Vorschriften, regelmäßig Checks abzulegen. Dies erfolgte während der täglichen Arbeit durch erfahrene Kollegen. Jetzt allerdings gibt es eine neue europäische Verordnung, die sogenannte ESARR05 (Eurocontrol Safety Regulatory Requirement 05). Danach sind alle Fluglotsen im aktiven Dienst verpflichtet, einmal jährlich ein Notfalltraining zu absolvieren. Das Programm JOINT scheint dafür wie geschaffen. Die DFS erklärte sich denn auch bereit, unter anderem eine Anzahl von Schichten festzulegen, in denen Lotsen an Simulatoren, die es auch bei den Flugsicherungsstellen gibt, trainieren müssen. In den ersten Programmschritten setzte die DFS nur Lotsen ein, die an dem betreffenden Tag nicht für den Einsatz an ihrem »normalen« Arbeitsplatz benötigt wurden.

Flugsimulatoren der Lufthansa in Frankfurt/Main. (Lufthansa)

Die Simulatoren der DFS sind mit den Lufthansa-Flugsimulatoren vernetzt, so dass die Kommunikation zwischen Pilot und Lotsen während des Trainings stattfinden kann. In den DFS-Simulatoren sind Flugverkehrssituationen und -abläufe hinterlegt, die während einer Übung durch so genannte Pseudopiloten zusätzlich ständig neue Verkehrslagen schaffen. So können die Trainingsabläufe wesentlich realistischer gestaltet werden als bisher. Die Piloten erleben im Cockpit des Simulators, wie es auch »im richtigen Leben« in einem Notfall abläuft. Natürlich konzentrieren sich die Piloten auf das ihnen eingespielte Problem mit dem Flugzeug, »first fly the aircraft«, aber die Besatzung ist auch mit der Flugsicherung in Kontakt und erhält der jeweiligen Verkehrslage entsprechend Empfehlungen und Anweisungen.

Die Lotsen auf der anderen Seite erleben an ihrem Arbeitsplatz und wechselweise auch »während des Flugs« im Simulator ebenfalls das »reale« Handling und den Ablauf des in einer Notlage geflogenen Flugzeugs. Mehrere Simulatoren können zusammengeschaltet werden und dann geht es wirklich heiß her, im Cockpit und an den Radarschirmen.

Trotz manch angespannter Situation sowohl für die Piloten als auch für Lotsen während des Trainings gestaltet sich für alle Beteiligten das Debriefing als fruchtbare und sinnvolle Ergänzung. In den Gesprächen, in denen der Ablauf noch einmal an den Radarschirmen gezeigt wird, kommt es zu vielen Fragen und Antworten, von denen man in manchen Fällen glaubte, sie nicht stellen oder beantworten zu müssen.

»Könnt ihr uns an den Hindernissen vorbeiführen, wenn wir kurz nach dem Start mit dem Airbus A340 die eher unwahrscheinliche Situation von zwei Triebwerksausfällen hätten und kaum noch steigen könnten?«, will Kapitän Klaus-Heinrich Schmid von einem Kontroller wissen. »Wir können, genaue Karten mit den entsprechenden Angaben befinden sich in unserem System«, lautet die beruhigende Antwort des Lotsen Andreas Conrad von Stuttgart Approach im Center Langen. Lotsen wiederum möchten wissen, ob Piloten im Notfall zur Landebahn geführt werden wollen oder nicht. Und es gibt Erklärungen, wie schnell der Luftraum für ein in Not befindliches Flugzeug freigemacht werden kann oder nicht. Fragen, Antworten und immer wieder neue Fragen. Es entstehen lebhafte Diskussionen, in denen viel gegenseitiges Verständnis und Vertrauen erreicht wird.

»Das ist das Hauptziel von JOINT«, erklärt Flug- und Trainingskapitän Axel Straßburger, der das Programm von Seiten der Lufthansa mit initiiert hat und leitet. Tatsächlich gibt es kaum einen Teilnehmer, der nicht positiv überrascht ist, wenn er an einer Simulatorübung unter JOINT-Bedingungen teilgenommen hat. Die Qualität des Trainings erhöht sich für Piloten ebenso wie für die Lotsen, was letztlich auch den Passagieren zugute kommt.

Gesund an Bord

Flugangst und was man dagegen tun kann

Früher Morgen an einem stürmischen Tag im November. Der Airbus der Fluggesellschaft South African Airways legt sich vor dem Endanflug auf den internationalen Flughafen von Kapstadt noch einmal in eine leichte Kurve. Aus den Fenster der Kabine sind der Tafelberg und die Stadt zu sehen. Der Anblick ist atemberaubend. Aber nur wenige Passagiere haben Muße, die Schönheit des Panoramas zu bewundern. Heftige Turbulenzen heben die Maschinen immer wieder in die Höhe, um sie anschließend mit einem Ruck durchsacken zu lassen. Die »Roaring Fourties« schicken ihre Grüße. So werden die entsprechenden Breitengrade auf der südlichen Erdhalbkugel von den Seefahrern schon seit dem 19. Jahrhundert genannt. Hier bauen sich die gefürchtetsten Stürme der Welt auf. An diesen Breitengraden ist schon so manches Schiff im Südatlantik gescheitert. Aber auch an Land, dort wo der afrikanische Kontinent beginnt, sind die Auswirkungen an manchen Tagen in Form kräftiger Böen zu spüren – Turbulenzen, die immer wieder auch die schweren Verkehrsflugzeuge durchschütteln, wenn diese sich im Anflug auf Kapstadt befinden. Während die Tragflächen des Flugzeugs sich in den Böen deutlich sichtbar auf und abbiegen, sind in der Kabine viele Passagieren von Flugangst gezeichnet.

Flugangst ist ein vielschichtiges Phänomen. Sie kann in ganz unterschiedlicher Intensität auftreten: vom Gefühl leichten Unbehagens bis hin zu ausgeprägten Panikattacken. Grundsätzlich lassen sich zwei Arten von Flugangst voneinander unterscheiden. Zum einen reagieren viele Passagiere vor oder während eines Flugs unsicher oder ängstlich, weil sie während der Flugreise immer wieder mit Situationen erleben, de ihnen subjektiv bedrohlich erscheinen. Das können Geräusche sein, die sie im Flugzeug hören, sowie Beobachtungen oder Empfindungen, die sie nicht einordnen können. Solche »Phänomene« sind beispielsweise der vermeintliche Rauch, der kurz vor dem Start aus der Klimaanlage dringt und von vielen Passagieren als Anzeichen eines Schadens an der Maschine gedeutet wird oder Turbulenzen, die ein Flugzeug nicht nur beim Anflug auf Kapstadt schon einmal kräftig durchschütteln können. Beides ist völlig harmlos. Beim »Rauch« handelt es sich in Wirklichkeit um Wasserdampf, dessen Auftreten an bestimmten Tagen völlig normal ist und mit der Funktionsweise der Klimaanlage zusammenhängt. Und bei den Turbulenzen treten maximal Kräfte von 1,8 g auf. Ein Verkehrsflugzeug kann aber Beschleunigungswerte von 4,5 g absolut klaglos verkraften. Die Ängste, der Passagier aufgrund solcher Beobachtungen im Flugzeug erlebt, lassen sich leicht mindern oder ganz beheben: durch Wissen – wie die Beispiele von Klimaanlage und Turbulenzen zeigen. Je mehr der Passagier vom Fliegen, dem Flugzeug und Luftverkehr weiß, umso weniger ängstigen ihn Beobachtungen und Geräusche während des Flugs.

Darüber hinaus gibt es aber auch Flugangst, die sich durch bloßes Wissen nicht beheben lässt. In diesem Fall hat ein Passagier auch dann Angst, wenn er seine Beob-

Eine Boeing 747-400 der Lufthansa vor dem Tafelberg und Kapstadt. Bei einem solchen Flug kann es schon einmal etwas turbulenter werden. (Lufthansa)

achtungen durchaus gut erklären kann und um viele Zusammenhänge während des Flugs weiß. Meist ist diese Form der Angst auch nicht an konkrete Bebachtungen wie den Wasserdampf oder das Erlebnis der Turbulenzen gekoppelt, sondern entsteht als diffuses Gefühl schon beim Betreten der Maschine oder sogar schon beim bloßen Denken an die bevorstehende Reise. Bei dieser Form von Angst handelt es sich in der Regel um eine Phobie. Als Phobie wird eine krankhafte Angstreaktion bezeichnet. Auch Flugangst kann als Phobie auftreten. Weitere Phobien, die sich beim Passagier im Flugzeug bemerkbar machen können, sind beispielsweise Platzangst, ausgelöst durch die große Enge in der Maschine. Entsprechende Ängste können sich auch vermischen. In den meisten Fällen wird der entsprechende Passagier sie als Flugangst bezeichnen und auch so empfinden.

Beide Formen von Angst, die Flugangst, die der Passagier aufgrund seiner Beobachtungen oder aufgrund realer Flugsituationen erlebt, wie auch die Phobie, sind in unterschiedlicher Intensität möglich und können von Unbehagen bis hin zur regelrechten Panik reichen, bei der der Fluggast durch sein Angstverhalten auch außenstehenden Personen auffällt.

Wie schon erwähnt, hilft das Wissen um technische Zusammenhänge Passagieren mit einer Phobie meist nur sehr wenig. Abschließend aufheben lässt sich Flugangst als

Für Passagiere mit Flugangst ein unschöner Anblick: das Einsteigen in die Maschine – hier auf dem Airport von Kapstadt zu einem Flug nach Johannesburg. (Littek)

Phobie nur in einer persönlichen Therapie, in der individuell in der eigenen Geschichte die Gründe für die Ängste aufgedeckt werden. Ein Beispiel: In einem frühen Stadium der Kindheit war eine Person immer wieder angstmachenden Situationen ausgeliefert, die beispielsweise von den Eltern ausgingen. Bestand dabei gleichzeitig immer eine bestimmte räumliche Situation oder hatte das Kind immer einen bestimmten Gegenstand bei sich – zum Beispiel einen Teddybären – kann es sein, dass in der Psyche des Kindes der Teddybär und die Angst miteinander verknüpft werden und anschließend eine Verdrängung stattfindet. Der Erwachsene hat dann eine ihm völlig unbegreifliche Angst vor Teddybären. Vor der Durchführung einer tiefgehenden Therapie müssen aber Aufwand und Nutzen individuell bedacht werden. Phobien sind sehr verbreitet. In den meisten Fällen ist es deshalb in der Praxis legitim und völlig ausreichend, wenn der Erwachsene der angstauslösenden Situation einfach aus dem Weg geht. Diese Vermeidungstaktik kann aber manchmal nicht möglich sein, beispielsweise, wenn jemand unter Flugangst leidet, aus beruflichen oder privaten Gründen aber öfter fliegen muss. Bei dieser Gruppe von Menschen wäre eine individuelle Therapie die richtige Wahl, um das Problem an der Wurzel zu lösen.

Je nach Häufigkeit des Fliegens und natürlich auch der Intensität der Angstempfindung kann es mitunter ausreichen, die Angst für die begrenzte Dauer der Flugreise zu reduzieren, sie zu dämpfen und damit erträglich zu machen. Dafür bieten sich grundsätzlich drei Ansätze an, die der Fluggast gleichermaßen anwenden sollte: eine gute Vorbereitung auf die Flugreise, der Einsatz kurzfristiger Sofortmittel gegen akute Ängste und das langfristige Erlernen von Entspannungstechniken. Alle drei Möglichkeiten kann natürlich auch der Passagier, der sich aufgrund von realen Beobachtungen während des Flugs ängstigt, anwenden.

Zunächst zur Vorbereitung: Diese bezieht sich vor allem auf die Anreise/Fahrt zum Flughafen. Jeglicher Stress aufgrund von Zeitdruck und Hektik erhöht den Druck für den betreffenden Passagier. Wer also Flugangst hat, sollte möglichst frühzeitig seine Fahrt zum Airport starten und dabei auch mögliche Staus und eine längere Parkplatzsuche einkalkulieren. Gut vorbereitet zu sein bedeutet darüber hinaus auch, angstmindernde und entspannende Hilfsmittel für den Flug auszuwählen. Dies können ein gutes Buch oder eine Zeitschrift sein, auf deren Lektüre man sich bereits seit langer Zeit freut. Sehr entspannend ist auch der Einsatz von Hörbüchern oder Musik, die ganz dem eigenen Geschmack entspricht. Es gibt auch extra Entspannungsmusik, die speziell zum Zweck der Beruhigung und Angstminderung komponiert und aufgenommen wurde.

Was aber tun, wenn die Situation da ist und während des Flugs die Angst in einem hochsteigt? Als Soforthilfe in angstauslösenden Situationen haben sich kurze Atemübungen bewährt. Besonders wirksam: Man atmet tief in den Bauch. Dabei zählt man bis drei. Dann hält man die Luft an, wobei ebenfalls bis drei gezählt wird. Anschließend lässt man die Luft langsam und kontrolliert herausströmen, macht eine kurze Pause und beginnt die Übung erneut. Bei auftretendem Schwindel muss die Übung allerdings – die ohnehin nur drei bis vier Mal wiederholt werden sollte – sofort beendet werden. Schließlich kann die Anwendung von Beruhigungsmitteln während des Flugs akute Flugangst lindern. Beruhigungsmittel gibt es in den verschiedensten Ausführungen, von leichten Mitteln wie Baldrian, die frei verkäuflich in Apotheken oder Drogeriemärkten erhältlich sind, bis hin zu Präparaten, vor deren Einnahme die Rücksprache mit einem Arzt sinnvoll ist.

Langfristig ist das Lernen von Entspannungstechniken die beste Möglichkeit, um Flugangst zu reduzieren. Eine besonders wirksame Methode ist das autogene Training, das der Berliner Nervenarzt Prof. Dr. Johannes H. Schulz in den 20er-Jahren entwickelt hat. Das Prinzip, das hinter dem autogenen Training steht: Zwischen seelischem Befinden und körperlichem Zustand gibt es beim Menschen einen engen Zusammenhang. Wer seelisch angespannt ist und zum Beispiel Angst hat, verspannt auch seine Muskulatur. Auch die Atmung wird flacher. Das seelische Empfinden wirkt also auf die Muskeln. Dieser Zusammenhang stellt aber keine »Einbahnstraße« dar. Er funktioniert auch entgegengesetzt. Eine eingenommene Körperhaltung hat auch ein entsprechendes Feedback auf seelischer Ebene zur Folge. Gelingt es einem Passagier, seine angespannte Muskulatur zu entspannen, wird er sich in der Folge auch ruhiger fühlen. Was so einfach und einleuchtend klingt, funktioniert in der Praxis einer Angst- und Stresssituation aber nur nach langer Übung. Genau da setzt das autogene Training an. Durch die Übungen des autogenen Trainings lernt der Passagier, die entsprechenden Muskeln seines Körpers wunsch- und zielgerichtet zu entspannen. Darin wird er schließlich so sicher, dass die entsprechenden Techniken auch funktionieren, wenn er starken Stressreizen ausgesetzt ist. Für den Zugriff auf die Muskeln gibt es beim autogenen Training Übungsformeln, die sich der Trainierende beim Üben im Gedanken immer wieder aufsagt, bis schließlich die gewünschten Wirkungen auftreten. Der Zusammenhang zwischen Formeln und Muskelverhalten automatisiert sich schließlich so, dass er auch in Stresssituationen funktioniert. Das autogene Training kann problemlos im Sitzen durchgeführt werden und ist dabei unauffällig, so dass es sich gut für die Anwendung im Flugzeug eignet. Wer es beherrscht, wird selbst beim Anflug auf Kapstadt die Ruhe bewahren – auch dann, wenn die Roaring Fourties wieder einmal ihre Ausläufer über das Meer schicken.

Bewegung tut gut: Tipps für einen problemlosen Flug

Ein Flug von Jakarta nach London mit Zwischenstopp in Singapur dauert rund 16 Stunden. Bei Flügen dieser Dauer helfen – gerade in der Economy Class – schließlich irgendwann alle Komfortbemühungen der Fluggesellschaften nichts mehr und eine Flugreise wird zunehmend als Tortur empfunden. Das lässt sich grundsätzlich wohl auch

Der Komfort ist bei den meisten Fluggesellschaften ein wichtiges Werbeargument. Das täuscht nicht darüber hinweg, dass ein Langstreckenflug in der Touristenklasse für den Passagier wohl nur selten als angenehm empfunden wird. Diese Aufnahme entstand in einem Airbus A330. (Littek)

nicht ändern und ist schlicht eine der Bedingungen dafür, dass es Menschen heute möglich ist, so schnell so große Entfernungen zu überbrücken. Doch auch wenn dem so ist, kann sich der Fluggast doch seine Reise zumindest ein wenig angenehmer gestalten Das fängt mit der Luft aus der Klimaanlage an. Sie ist – wie im entsprechenden Kapitel zur Technik beschrieben – zwar sauber, doch leider extrem trocken. Das ist ein wichtiger Grund dafür, dass Fluggäste eine Reise im Flugzeug gerade auf langen Strecken als unangenehm erleben. Bemerkbar macht sich die trockene Luft vor allem an den Schleimhäuten: Mund und Nase trocknen aus, die Augen werden ebenfalls trockener, sie beginnen zu jucken oder es stellt sich das Gefühl ein, ein wenig Sand in den Augen zu haben. Das beste Mittel dagegen ist schlichtweg Trinken. Am besten geeignet ist der Genuss von Mineralwasser ohne Kohlensäure. Pro Stunde sollte der Fluggast mindestens ein Glas Wasser trinken. Für Kontaktlinsenträger ist es ratsam, während des Langstreckenflugs auf Kontaktlinsen zu verzichten und ersatzweise eine Brille zu tragen. Ist das nicht möglich, empfiehlt sich die Mitnahme von Augentropfen im Handgepäck.

Ein weiterer wesentlicher Grund für das »zerschlagene« Gefühl am Ende eines langen Flugs ist natürlich das ständige Sitzen. Der menschliche Körper mag biologisch für viele Belastungen ausgelegt sein, 16 Stunden am Stück mehr oder weniger still zu sitzen, gehört aber sicher nicht zu den Anforderungen, für die die Natur den Menschen geschaffen hat – man spricht nicht umsonst vom »Bewegungsapparat«. Bei stundenlangem Sitzen verspannen sich insbesondere die Muskeln im Nacken, im Schulter- und Rückenbereich. Die Kopfschmerzen, die mancher Reisende am nächsten Tag fühlt, haben ihre Ursache in vielen Fällen in diesen Verspannungen. Darüber hinaus wird durch das lange Sitzen die Blutzirkulation in den Beinen behindert. Dagegen hilft Gymnastik und ab und zu ein kleiner Spaziergang. Langstreckenflugzeuge sind in der Regel Großraumflugzeuge, das heißt, durch die gesamte Länge der Passagierkabine führen zwei lange Gänge, die mehrfach im Bereich der Bordküchen und Toiletten durch Querverbindungen miteinander verbunden sind. Auf diesen Wegen kann man durchaus seine Runden drehen – am besten natürlich dann, wenn die Kabinenbesatzung nicht gerade mit dem Servieren des Essens beschäftigt ist.

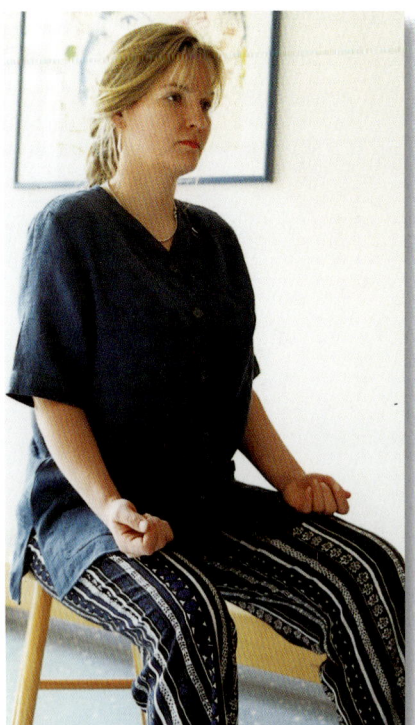

Die Physiotherapeutin Karoline Höltge zeigt, wie die richtige Aufrichtung erfolgt. Entsprechende Übungen können Sie schon zu Hause durchführen. Im Flugzeug fällt eine solche Übung überhaupt nicht auf. (Littek)

Gymnastik sollte natürlich zu den engen Gegebenheiten der Flugzeugkabine passen. Die Übungen müssen möglichst einfach, platzsparend durchzuführen und gleichzeitig sehr effektiv sein. Außerdem sollte man sie relativ unauffällig anwenden können, denn nicht jeder Passagier fühlt sich wohl dabei, bei der Durchführung seiner Lockerungsgymnastik im Rampenlicht des Interesses an Bord zu stehen. Mit komplizierten Kombinationen, wie sie sich in manchem Ratgeber finden, sollte sich kein Passagier herumschlagen, zumal gerade die einfachen Übungen auch den besten Erfolg vorzuweisen haben. Einige Vorschläge:

Versuchen Sie, mit der Nase ein Wort, vielleicht den eigenen Namen, in die Luft zu »schreiben« – je feiner und unauffälliger die Bewegungen ausfallen, umso besser. Auch Muster wie Kreise, eine Acht oder Vier- und Dreiecke können in die Luft gezeichnet werden. Um die Feinmotorik, die für solche Bewegungen nötig ist, aufzubringen, muss der Körper die Verspannung der Muskulatur im Bereich des Halses, der Schultern und des Nackens lösen.

Auch hilfreich: Räkeln sie sich des Öfteren, strecken Sie sich und führen Sie die Arme dabei so weit es geht in die Höhe. Daran anschließend sollten Sie dann in der sitzenden Position abwechselnd die Knie leicht nach vorne und

Die Aufrichtung erfolgt in zwei Stufen, zunächst mit dem Becken, dann folgt der Brustkorb. (Littek)

wieder zurück bewegen. Dabei bewegen Sie automatisch das Becken mit. Bei dieser Übung sollten Sie ansonsten ganz entspannt sitzen, nur die Füßen müssen ungefähr schulterbreit mit der ganzen Sohle Bodenkontakt haben. Ober- und Unterschenkel sollten möglichst einen Winkel von 90° bilden. Diese Übung lockert die Muskulatur im unteren Rücken, vor allem im Bereich der Lendenwirbelsäule.

Für den ganzen Rücken und die entsprechende Muskulatur ist eine weitere Übung sehr angenehm: Setzen Sie sich dazu so hin, dass sich der Po eng an der Rückenlehne befindet. Die Füße stehen währenddessen entspannt nebeneinander auf dem Boden, ungefähr in Schulterbreite voneinander entfernt. Die nun folgenden Aufrichtung erfolgt in zwei Schritten. Zunächst kippen Sie das Becken nach vorn. Subjektiv haben Sie dabei das Gefühl, dass im unteren Bereich des Rückens ein leichtes Hohlkreuz entsteht. Diese Bewegung halten Sie einen kleinen Moment. Dann lassen Sie das Becken wieder zurücksinken. Haben Sie die Bewegung einige Male wiederholt, folgt Stufe zwei der Aufrichtung. Zunächst kippen Sie das Becken wieder nach vorne. Dann – im nächsten Schritt – heben Sie Ihren Brustkorb nach vorne und oben heraus. Die Bewegung er-

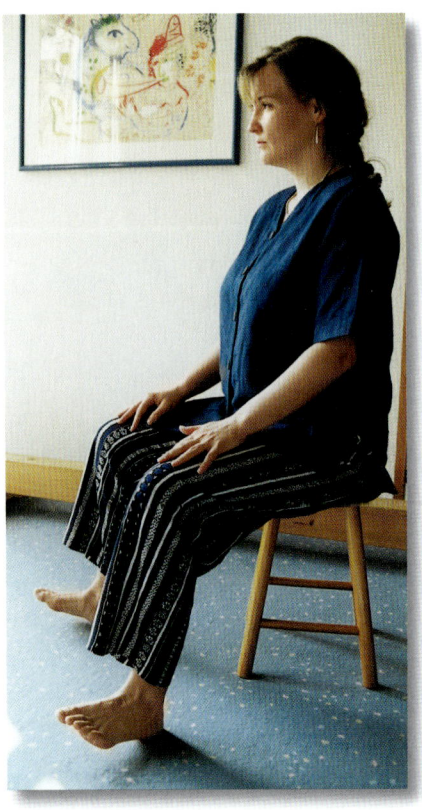

folgt so, als ob am Brustbein ein Band befestigt wäre, das die Brust schräg nach oben zieht. Die so aufgerichtete Körperhaltung sollten Sie rund fünf Sekunden halten, bevor Sie die Spannung langsam wieder lösen. Anschließend wiederholen sie die Übung noch drei Mal.

Auch den Füßen und Beinen tut im Sitzen ein wenig Bewegung gut. Stellen Sie dazu die Füße zunächst entspannt nebeneinander auf dem Boden auf. Dann ziehen Sie die Fußballen und Zehenspitzen zu sich heran, soweit es geht. Dabei bleiben die Hacken auf dem Boden. Anschließend lassen Sie den Fußballen wieder zurücksinken. Wiederholen Sie den Bewegungsablauf mehrfach. Bei einer anderen Übung bewegen Sie Füße und Beine ganz fein, so als ob Sie laufen würden. Die Bewegung ist dabei kaum sichtbar, trotzdem aber in weiten Bereichen der Muskulatur der Beine und Füße deutlich zu spüren.

Mit minimalem Aufwand, hier dem Anziehen von Zehen und Fußballen, kann sich der Fluggast während eines Langstreckenflugs wohltuend Bewegung verschaffen. (Littek)

Umgang mit dem Jetlag

Bei Langstreckenflügen landet der Passagier häufig in einer völlig anderen Zeitzone als der, in der er gestartet ist. Je nach Konstitution und Veranlagung kann das ganz beträchtliche Auswirkungen auf das individuelle Wohlbefinden haben. Ganz generell verschlechtern sich durch einen größeren Wechsel der Zeitzonen die Reaktions- und Leistungsfähigkeit des Menschen. Es treten Schlafstörungen auf und tagsüber fühlt man sich müde und kraftlos. Grundsätzlich ist dabei die Verlängerung des Tages, wie sie bei Flügen in westlicher Richtung auftritt, besser verträglich als die Verkürzung des als normal empfundenen Tages bei Flügen in östlicher Richtung. Wer einen Langstreckenflug plant, kann sich auf die Auswirkungen der Zeitverschiebung schon zu Hause vorbereiten.

Bei Flügen gen Osten sollte man möglichst früher am Abend zu Bett gehen, bei Flügen nach Westen erst später schlafen gehen, dafür aber länger im Bett bleiben. Es ist hilfreich, den Flug nach Möglichkeit gut ausgeruht anzutreten und während der Reise zu schlafen. Am Flugziel angekommen, hilft Bewegung an der frischen Luft bei natürlichem Licht, denn das Tageslicht ist für den Organismus eine wichtige Größe, um sich auf den neuen Rhythmus einzustellen.

Um die Auswirkungen der Zeitverschiebung dann während der Reise möglichst gering zu halten, empfiehlt sich folgendes Verhalten:

Beispiel kurzer Geschäftstermin:
Anreise beispielsweise von London nach New York, Besprechung und Rückreise am nächsten Tag:
Der Reisende sollte
- seine Uhr nicht umstellen,
- bei der Ankunft eine leichte Mahlzeit essen,
- am Abend früh zu Bett gehen,
- sich beim Aufwachen (Ortszeit: Nacht) ein Frühstück aufs Zimmer bringen lassen, lesen - oder ein wenig fernsehen,
- Besprechungen am nächsten Morgen so legen, dass sie nach 9 Uhr beginnen,
- sich nach der Arbeit entspannen oder ein wenig schlafen, während er auf den Rückflug wartet.

Beispiel längerer Aufenthalt:
Anreise beispielsweise von London nach Singapur, Rückkehr eine Woche später:
Hier sollte der Reisende
- sich sofort auf die Ortszeit am Ziel einstellen,
- nach der Ankunft eine leichte Mahlzeit zu sich nehmen und schlafen – falls nötig - aber nicht länger als 45 Minuten,
- am Nachmittag einige leichte gymnastische Übungen machen und an die frische Luft gehen,
- früh zu Abend essen und bald schlafen gehen,
- bis zur üblichen Zeit im Bett bleiben und wie gewöhnlich essen,
- am Tag Nickerchen vermeiden und am Nachmittag an die Luft gehen.
- seine Schlafenszeit dem normalen Rhythmus anpassen,
- auf dem Rückflug schlafen.

Anhang

Kurzportraits bekannter Flugzeugtypen

Airbus A318/319/320/321

Airbus A319 von Eurowings kurz vor der Landung. (Littek)

Die Maschinen der Modellserie Airbus A318 bis Airbus A321 stellen die kleine Baureihe des europäischen Flugzeugherstellers dar. Die erste Maschine dieser Serie war die A320. Dieser Typ absolvierte seinen Erstflug am 22. Februar 1987. Die A320 war das erste Verkehrsflugzeug, das mit einem modernen Fly-by-Wire-System ausgestattet war. Die größte Maschine dieser Flugzeugfamilie ist die A321, die gegenüber der A320 um 6,90 m verlängert wurde. Die A319 ist 3,73 m kürzer als die A320. Das kleinste Modell ist die A318, die gegenüber der A319 noch einmal um 2,4 m gekürzt wurde. Die Flugzeuge dieser Flugzeugfamilie kommen weltweit vor allem auf Kurz- und Mittelstrecken zum Einsatz und haben sich hier als äußerst effiziente Arbeitsgeräte für Piloten und Airlines etabliert.

Technische Daten Airbus A320

Länge (m)	37,6
Spannweite (m)	34,1
Höhe (m)	11,8
typische Passagierbelegung	150
max. Startgewicht (t)	73,50
Reisegeschwindigkeit (km/h)	840
Reichweite (km)	4800
Triebwerke	2 Triebwerke vom Typ CFM 56-5A1 mit jeweils 111,20 kN Schub

Airbus A300/A310

Ein Airbus A310-300 der Fluggesellschaft Royal Jordanian wird auf dem Flughafen von Amman für den nächsten Flug nach London vorbereitet. (Littek)

Der A300 war das erste Flugzeugmodell, das von Airbus auf dem Markt für Verkehrsflugzeuge angeboten wurde. Bei der Maschine handelt es sich um ein Großraumflugzeug, das von zwei Triebwerken angetrieben wird. Die Maschine absolvierte ihren Erstflug am 28. Oktober 1972. Die erste Version, die in den Verkauf ging, war die A300B2. Der Verkauf der ersten Maschinen des europäischen Flugzeugbauers lief äußerst schleppend an. Den Durchbruch brachten zwei Aufträge von Thai Airways und der US-Fluggesellschaft Eastern Airlines, nach denen sich das neue Muster zunehmend zum Verkaufsschlager entwickelte. Eine weiterentwickelte Version ist die A310, die erst als -200, dann als -300 auf dem Markt erschien und in beiden Varianten deutlich kürzer als die A300 ist. Von der A300 selbst ist die -600 eine Weiterentwicklung, die auch auf Langstrecken eingesetzt werden kann.

Technische Daten Airbus A310-300

Länge (m)	46,7
Spannweite (m)	43,9
Höhe (m)	15,8
typische Passagierbelegung	220
max. Startgewicht (t)	150
Reisegeschwindigkeit (km/h)	860
Reichweite (km)	8050
Triebwerke	2 Triebwerke vom Typ GE CF6-80C2A2 mit jeweils 238 kN Schub

Airbus A330/A340

Airbus A340-300 beim Pushback vom Terminal in Frankfurt/Main. (Littek)

Die Airbusmodelle A330 und A340 gehören zu einer Flugzeugfamilie und sehen sich äußerlich sehr ähnlich – bis auf einen wesentlichen Unterschied: Die A340 ist mit vier Triebwerken ausgestattet, die A330 mit zwei. Als erste Maschine absolvierte der Airbus A340-300 am 25. Oktober 1991 seinen Jungfernflug. Es folgte die A340-200, deren Rumpf etwas kürzer ist. Weiter Varianten sind die Modelle -500, mit einer besonders großen Reichweite, und die Version -600, deren Rumpf eine Länge von 74,80 m hat. Bei diesen Airbus-Maschinen handelt es sich um typische Langstreckenmuster. Die A340-500 kann auf Langstrecken bis zu 15.750 km verkehren. Auch die A330-Maschinen fliegen auf Langstrecken. Es gibt die A330-300 und -200, die eine Reichweite von 12.000 km aufweist. Das Platzangebot der Maschinen ist etwas oberhalb der älteren Großraummodelle A300 und A310 von Airbus angesiedelt. In typischer Sitzplatzauslegung können in der A340-200 239 Menschen Platz finden. In der A340-600 sind es immerhin 380 Personen.

Technische Daten Airbus A340-300

Länge (m)	63,70
Spannweite (m)	60,30
Höhe (m)	16,80
typische Passagierbelegung	295
max. Startgewicht (t)	260
Reisegeschwindigkeit (km/h)	860
Reichweite (km)	12000
Triebwerke	4 Triebwerke vom Typ CFM56-5C2 mit jeweils 138,78 kN Schub

Airbus A380

Airbus A380 in den Farben der Fluggesellschaft Emirates. (Airbus)

Der Airbus A380 ist das neue Flaggschiff des Flugzeugbauers aus Europa. Allein schon aufgrund der schieren Größe ist die doppelstöckige A380 beim Rollen, Starten oder Landen auf den großen internationalen Flughäfen der Welt selbst für Laien leicht zu erkennen. Mit ihren vier Triebwerken der neuesten Generation kann diese Maschine extreme Langstrecken von über 15.000 km fliegen und dabei so viele Passagiere wie kein Konkurrenzmuster befördern – in der Standardbestuhlung sind es bereits 555; Versionen mit Platz für bis zu über 800 Passagieren sind geplant. Damit ist die A380 das ideale Fluggerät für die Verbindung der großen Luftverkehrsdrehscheiben miteinander. Der Erstflug der A380 fand am 27. April 2005 statt.

Technische Daten Airbus A380

Länge (m)	73
Spannweite (m)	79,8
Höhe (m)	24,1
typische Passagierbelegung	525
max. Startgewicht (t)	560
Reisegeschwindigkeit (km/h)	902
Reichweite (km)	15200
Triebwerke	4 Triebwerke vom Typ Rolls-Royce Trent 900 oder GP 7000 mit je 311 kN Schub

ATR 42/ATR 72

Eine ATR 72 im Einsatz für British Airways. (Littek)

Die ATR 42 und ATR 72 sind typische Turbopropmaschinen, wie sie vor allem im Zu-
bringerverkehr auf Kurzstrecken zum Einsatz kommen. Entwickelt wurden die Flugzeuge als französisch/italienische Gemeinschaftsproduktion in den 80er-Jahren. Als
erstes Modell absolvierte die ATR 42 am 16. August 1984 ihren Erstflug. Die ATR 72 ist
eine verlängerte Version, die zum ersten Flug am 27. Oktober 1988 abhob.

Technische Daten ATR 42–500

Länge (m)	22,67
Spannweite (m)	24,57
Höhe (m)	7,59
typische Passagierbelegung	48
max. Startgewicht (t)	18,60
Reisegeschwindigkeit (km/h)	555
Reichweite (km)	1556
Triebwerke	2 Propellerturbinen vom Typ PW 127 mit jeweils 2400 WPS Leistung

Boeing 717

Die Boeing 717. (Boeing)

Die Boeing 717 ist eine Weiterentwicklung der MD-80-Modellreihe von McDonnell Douglas und sollte ursprünglich als MD-95 auf den Markt kommen. Der US-Flugzeughersteller McDonnell Douglas startete das Programm am 19. Oktober 1995, das schließlich nach der Verschmelzung des Unternehmens von Boeing unter der Bezeichnung Boeing 717 weitergeführt wurde. Die Maschine absolvierte ihren Erstflug am 2. September 1998, verkaufte sich aber nie so gut wie zum Beispiel eine Boeing 737. In Deutschland fand die Maschine relativ viel Beachtung, weil die Triebwerke von BMW-Rolls-Royce in Dahlewitz bei Berlin gefertigt wurden. 2006 stellte Boeing das Programm mangels Nachfrage jedoch ein.

Technische Daten Boeing 717

Länge (m)	37,81
Spannweite (m)	28,45
Höhe (m)	8,92
typische Passagierbelegung	106
max. Startgewicht (t)	51,7
Reisegeschwindigkeit (km/h)	933
Reichweite (km)	2535
Triebwerke	2 x Triebwerke vom Typ BR 715 mit jeweils 82,3 kN Schub

Boeing 737

Boeing 737-300 der British World kurz vor dem Erreichen der Landebahn. (Littek)

Die Boeing 737 ist das meistverkaufte Verkehrsflugzeug der Welt. Bis heute wurden weit über 5300 Maschinen dieses Typs, der meist auf Kurz- und Mittelstrecken zum Einsatz kommt, verkauft. Die 737 startete am 9. April 1967 zu ihrem Erstflug. Die ersten Versionen waren die -100 und -200. Manche dieser Maschinen sind noch heute im Einsatz. Sie lassen sich leicht an den – im Gegensatz zu späteren Modellreihen – schmaleren Triebwerken und den Tragflächen erkennen. Ein grundlegend überarbeitetes Nachfolgemodell brachte Boeing in den 80er-Jahren auf den Markt. Als erste Variante absolvierte die -300 am 24. Februar 1984 ihren Erstflug. Es folgten die -400 und die -500. Die heute aktuelle so genannte Next Generation brachte Boeing Ende der 90er-Jahre heraus. Die 737-700 absolvierte als erstes Modell der Next Generation am 9. Februar 1997 ihren Erstflug. Weitere aktuelle Modelle sind die -600, -800 und -900.

Technische Daten Boeing 737–400

Länge (m)	36,40
Spannweite (m)	28,9
Höhe (m)	11,1
typische Passagierbelegung	141
max. Startgewicht (t)	60
Reisegeschwindigkeit (km/h)	800
Reichweite (km)	3810
Triebwerke	2 Triebwerke vom Typ CFM56-3C1 mit jeweils 97,9 kN Schub

Boeing 757

Eine Boeing 757-200 der niederländischen Fluggesellschaft Transavia beim Landeanflug. (Littek)

Die Boeing 757 flog am 19. Februar 1982 zum ersten Mal. Bei dieser Maschine handelt es sich um ein zweistrahliges Standardrumpfflugzeug (Narrow Body), das in der Regel auf Mittelstrecken zum Einsatz kommt. Bis in die 90er-Jahre gab es eine grundsätzliche Variante der Maschine, die 757-200. Erst am 2. August 1998 flog dann mit der -300 eine weitere Version zum ersten Mal. Die -300 wurde gegenüber der -200 deutlich – um 7,1 m – verlängert.

Technische Daten Boeing 757-200

Länge (m)	47,30
Spannweite (m)	38
Höhe (m)	13,60
typische Passagierbelegung	210
max. Startgewicht (t)	113,40
Reisegeschwindigkeit (km/h)	850
Reichweite (km)	7315
Triebwerke	2 Triebwerke vom Typ PW 2040 mit je 185,5 kN Schub oder 2 Triebwerke vom Typ Rolls-Royce RB 211-535E mit 178,4 kN Schub

Boeing 767

Die Boeing 767-400 wurde auch in Hannover der Öffentlichkeit vorgestellt. (Littek)

Im Gegensatz zur Boeing 757 handelt es sich bei der Boeing 767 um einen so genannten Wide-Body, ein Großraumflugzeug. Das Muster absolvierte am 26. September 1981 seinen Erstflug und ist heute auf allen großen internationalen Flughäfen der Welt zu sehen. Es gibt die grundsätzlichen Varianten -200, -300 und -400. Die erste Version war die -200, von der Boeing schon bald nach dem Erscheinen mit der -200ER eine modifizierte Variante anbot. ER steht für Extended Range, was auf die größere Reichweite des so bezeichneten Musters hinweist.

Die -300 wurde gegenüber der -200 um 6,5 m verlängert. Es folgte wieder eine -300ER. 1999 absolvierte die -400ER ihren Erstflug. Die Maschine wurde gegenüber der -300 noch einmal auf eine Gesamtlänge von 61,37 m gestreckt.

Technische Daten Boeing 767–300ER

Länge (m)	54,9
Spannweite (m)	47,6
Höhe (m)	15,8
typische Passagierbelegung	218
max. Startgewicht (t)	186,88
Reisegeschwindigkeit (km/h)	851
Reichweite (km)	11306
Triebwerke	2 Triebwerke vom Typ PW 4060 mit jeweils 281,6 kN Schub, zwei Triebwerke vom Typ GE CF6-80C2B7F mit 276,2 kN Schub oder zwei Rolls-Royce RB 211-524 H mit 264,7 kN Schub

Boeing 777

Boeing 777-200ER von Air France. Die Maschine ist mit den Triebwerken von General Electric ausgestattet. (Boeing)

Die Boeing 777 ist ein Großraumflugzeug, das am 12. Juni 1994 zu seinem Erstflug startete. Bei der Maschine handelt es sich um das erste Fly-by-Wire-Verkehrsflugzeug des Herstellers Boeing. Ausgestattet mit zwei Triebwerken ist die 777 aus der Distanz und auf den ersten Blick leicht mit der Boeing 767 oder dem Airbus A330 zu verwechseln. Am einfachsten lässt sich die 777 anhand der Triebwerke erkennen, die sehr viel größer als die Motoren ähnlicher Modelle sind. Immerhin haben die Triebwerksgondeln der 777 einen Durchmesser, der dem des Rumpfes einer Boeing 737 entspricht. Von der 777 gibt es zwei grundsätzliche Versionen: die -200 und die -300. Bei der -300 handelt es sich um eine gestreckte Version, die 10 m länger als die -200 ist. Von -200 wie auch von der -300 gibt es modifizierte Varianten mit verlängerte Reichweite wie die -200ER, -300ER und eine -200LR. Das LR steht für Long Range – Maschinen dieses Typs können Distanzen von 17.446 km bewältigen.

Technische Daten Boeing 777-300

Länge (m)	73,9
Spannweite (m)	60,9
Höhe (m)	18,5
typische Passagierbelegung	394
max. Startgewicht (t)	297,56
Reisegeschwindigkeit (km/h)	925
Reichweite (km)	11029
Triebwerke	2 Triebwerke vom Typ Rolls-Royce Trent 892 mit jeweils 400,37 kN Schub oder 2 Triebwerke vom Typ PW 4098 mit jeweils 435,96 kN Schub oder zwei Triebwerke GE 90-94B mit jeweils 416,83 kN Schub

Boeing 747

Seltener Anblick: Auch für die Ferienfluggesellschaft Condor flog vor Jahren einmal eine Boeing 747-400 – hier kurz nach dem Start in Frankfurt/Main. (Littek)

Bis zur Markteinführung des Airbus A380 war die Boeing 747 das größte Passagierflugzeug im Einsatz. Die Boeing 747 absolvierte ihren Erstflug bereits am 9. Februar 1969 und wurde seitdem von Boeing beständig aktualisiert und an die technische Entwicklung angepasst. Die erste Version der Maschine war die 747-100. Es folgten die Varianten -200, -300 und -400. Bei der -400 wurde erstmals auf den Einsatz eines Flugingenieurs im Cockpit verzichtet und somit die Cockpitbesatzung auf zwei Piloten reduziert. In der Version -400 können heute 416 Passagiere in Dreiklassenkonfiguration über Distanzen von 13.450 km befördert werden. Darüber hinaus bietet Boeing mit der -400ER eine Version mit erhöhter Reichweite an.

Technische Daten Boeing 747-400

Länge (m)	70,6
Spannweite (m)	64,4
Höhe (m)	19,4
typische Passagierbelegung	416
max. Startgewicht (t)	396,89
Reisegeschwindigkeit (km/h)	913
Reichweite (km)	13450
Triebwerke	4 Triebwerke vom Typ GE CF6-80C2B5F mit jeweils 276,23 kN Schub oder 4 Triebwerke vom Typ PW 4062 mit 281,57 kN Schub oder 4 Triebwerke Rolls-Royce RB 211-524H2-T mit 264,67 kN Schub

McDonnell Douglas MD-80

Eine MD-80 der türkischen Fluggesellschaft Onur Air. (Littek)

Mit ihrem schlanken Rumpf und den beiden Triebwerken am Heck sind Maschinen der MD-80-Modellreihe recht leicht auf einem Flughafen zu identifizieren. Die erste Variante dieser Baureihe, die MD-81, absolvierte ihren Erstflug am 18. Oktober 1979. Weitere Modelle wie die MD-82, MD-83, MD-87 und MD-88 schlossen sich an. Gegenüber den anderen Modellen ist die MD-87 um 5,40 m kürzer. Typisches Einsatzgebiet dieser Maschinen sind Kurz- und Mittelstrecken.

Technische Daten McDonnell Douglas MD-83

Länge (m)	45,06
Spannweite (m)	32,87
Höhe (m)	9,05
typische Passagierbelegung	172
max. Startgewicht (t)	72,5
Reisegeschwindigkeit (km/h)	910
Reichweite (km)	5700
Triebwerke	2 Triebwerke vom Typ PW JT8D mit jeweils 93,4 kN Schub

McDonnell Douglas MD-11

Eine MD-11 der US-Fluggesellschaft Delta Airlines beim Pushback auf dem Flughafen in Frankfurt/Main. (Littek)

Die MD-11 wurde vom US-Flugzeughersteller McDonnell Douglas noch vor der Fusion mit Boeing als Nachfolgemodell für die DC-10 entwickelt. Das dreistrahlige Großraumflugzeug flog am 10. Januar 1990 zum ersten Mal und wird von den Betreiberairlines vor allem auf Langstrecken eingesetzt. Nachdem die Maschine jedoch nicht an den Verkaufserfolg des legendären Vorgängermusters anknüpfen konnte, wurde die Produktion schließlich von Boeing eingestellt. Wegen ihrer Wirtschaftlichkeit und Nutzlast verbunden mit hoher Reichweite erfreut sich das Muster allerdings mittlerweile bei Frachtfluggesellschaften wachsender Beliebtheit.

Technische Daten MD-11

Länge (m)	61,20
Spannweite (m)	51,70
Höhe (m)	17,60
typische Passagierbelegung	356
max. Startgewicht (t)	285,9
Reisegeschwindigkeit (km/h)	945
Reichweite (km)	13355
Triebwerke	3 Triebwerke vom Typ GE CF6-80C2D1F mit jeweils 274 kN Schub, 3 Triebwerke vom Typ PW 4460 mit 267 kN Schub oder 3 Triebwerke vom Typ PW 4462 mit 276 kN Schub

Glossar

In diesem Glossar finden sich Begriffe und Abkürzungen aus diesem Buch sowie einige allgemeine Begriffe aus der Verkehrsluftfahrt.

ACARS

Air-to-ground Communication and Reporting System – ein Kommunikationssystem zwischen Cockpit und Boden. ACARS funktioniert auf Satellitenbasis. Das System zeigt im Cockpit eingehende Nachrichten auf einem Display an. Die Piloten haben die Möglichkeit, die Informationen auf einem kleinen Drucker auszugeben. Über ACARS werden dem Flugzeug zum Beispiel die Gatenummern für Anschlussflüge übermittelt. Die Besatzung kann dann die Passagiere darüber informieren. Daneben kann die Crew mittels ACARS mit der eigenen Fluggesellschaft kommunizieren – zum Beispiel mit den Wartungsfachleuten – oder sich auch über das aktuelle Wetter informieren.

ADF

Automatic Direction Finder. Beim ADF handelt es sich um einen Radiokompass. Das Anzeigeinstrument im Cockpit weist auf ein zuvor eingestelltes NDB-Funkfeuer.

Airborne

Ein Flugzeug ist airborne, wenn die Räder den Boden verlassen haben.

Airpass

Ein Airpass berechtigt den Passagier dazu, in einem genau definierten geographischen Raum eine bestimmte Anzahl von Flügen zu Sonderkonditionen abzufliegen.

Altitude

Die Höhe über über dem Meeresspiegel

Antiskid-System

ABS-Bremssystem bei Flugzeugen

Arrival

Ankunft

Approach

Landeanflug

APU

Auxillary Power Unit. Dabei handelt es sich um die Hilfsturbine im Heck eines Flugzeugs. Diese stellt unter anderem die Stromversorgung im Flugzeug sicher, wenn sich die Maschine am Boden befindet und nicht vom Flughafen mit Strom versorgt wird. Steht eine Maschine am Gate und ist in oder in der Nähe der Maschine das Geräusch einer Düsenturbine zu hören, handelt es sich dabei normalerweise nicht um die Triebwerke des Flugzeugs, sondern um die laufende APU.

ATC	*Air Traffic Control* – die Flugverkehrskontrolle, die von den Fluglotsen durchgeführt wird.
ATIS	*Automatic Terminal Information System.* Ein Informationssystem, über das die Flugzeugbesatzungen per Funk Wetter- und Flugplatzinformationen abrufen können. Die Piloten stellen am Funkgerät eine genau definierte Frequenz ein und hören darauf die entsprechenden Informationen zu einem bestimmten Flugplatz.
Autopilot	Computersteuerung in einem Flugzeug, mit deren Hilfe die Maschine automatisch auf einem vorgegebenen Kurs gehalten werden kann. Moderne Autopilotensysteme können prinzipiell einen gesamten Flugverlauf abwickeln und der Cockpitbesatzung lästige Routineaufgaben (zum Beispiel Trimmung) abnehmen.
Baggage Claim	Gepäckausgabe am Flughafen.
Beacon	Landebahnbefeuerung
Blackbox	Umgangssprachliche Bezeichnung für die Behälter, in denen sich der Cockpit Voice Recorder und der Flight Data Recorder in einem Flugzeug befinden. Die entgegen der Bezeichnung in Signalfarbe lackierten Kästen befinden sich im Heck des Flugzeugs, um im Falle eines Absturzes möglichst gut geschützt zu sein. Der Cockpit Voice Rcorder zeichnet die Gespräche im Cockpit während eines Flugs auf. Der Flight Data Recorder registriert dagegen beispielsweise, was die Instrumente im Cockpit anzeigen und in welcher Stellung Schubhebel und Trimmräder stehen. Beide Recorder haben bei der Aufklärung von Flugzeugunglücken große Bedeutung.
Boarding	Einsteigen der Passagiere.
Cabin Attendant	Flugbegleiter
Callsign	Das Rufzeichen, mit dem ein Flugzeug im Sprechfunkverkehr angesprochen wird.
Cargo	Fracht
Carrier	Fluggesellschaft
CAT	*Clear Air Turbulence.* Damit bezeichnet werden Turbulenzen oder »Luftlöcher« bei guter Sicht und ansonsten guten Wetter.
CAT I, II, III	Kategorisierung der Start- und Landebahnen auf Flughäfen. Die Nummern geben dabei genau definierte Sichtweiten vor, die bei Benutzung der Bahn mindestens gelten müssen.

Catering	Die Versorgung einer Verkehrsmaschine mit Verpflegung und Serviceprodukten.
CFIT	*Controlled Flight Into Terrain,* was wörtlich übersetzt soviel bedeutet wie kontrollierter Flug in den Boden. CFIT bezeichnet eine Kategorie von Unfällen, die immer wieder vorkommen. Dabei fliegt ein Flugzeug in den Boden oder gegen einen Berg während es sich gleichzeitig in einem völlig kontrollierten Flugzustand befindet.
Check in	Ausgabe der Bordkarten und Aufgabe des Gepäcks vor dem Abflug.
Checklist	Vor, während und nach dem Flug lesen Piloten ständig Checklisten. Mit deren Hilfe wird der korrekte Ablauf von immer wiederkehrenden Arbeitsabläufen im Cockpit organisiert. Durch das Lesen von Checklisten – an dem beide Piloten beteiligt sind – stellt die Crew sicher, dass bei den Arbeiten im Cockpit keine wichtigen Punkte oder Handgriffe vergessen werden.
Codesharing	Ein Codesharing-Flug wird von verschiedenen Partnerfluggesellschaften gemeinsam durchgeführt. Dabei kann es vorkommen, dass der Passagier auf dem ganzen Flug oder auf einem Teilstück von einer anderen Fluggesellschaft befördert wird, als der, unter deren Flugnummer er das Ticket gekauft hat.
Counter	Der Abfertigungsschalter einer Fluggesellschaft im Flughafen.
Cruising Altitude	Reiseflughöhe
Customs	Zoll
Delay	Verspätung
Departure	Abflug
Destination	Zielort
Descent	Sinkflug.
Dispatch	Beim Dispatch bekommen die Piloten vor einem Flug Unterlagen und Daten zur Durchführung des Flugs. Wichtige Bestandteile sind Wetter- und aktuelle Streckeninformationen.
DME	*Distance Measuring Equipment* – Entfernungsmessgerät an Bord von Flugzeugen. Das DME dient der Navigation.
Domestic Flight	Inlandsflug

Downgrading	Beim Downgrading wird ein Fluggast in einer niedrigeren Klasse als der ursprünglich bezahlten befördert. Der Passagier bezahlt zum Beispiel Business Class, fliegt dann aber in der Economy. Folgerichtig hat er einen Anspruch auf Erstattung des Preisunterschieds. Ihm bleibt aber die Freigepäckmenge der höheren Klasse erhalten.
Dreilettercode	Buchstabencode zur Kennzeichnung von Fluggesellschaften. Der Dreilettercode wurde entwickelt, als absehbar war, dass der Zweiletter- oder IATA-Code nicht mehr ausreichen würde.
Dumping	Das Ablassen von Treibstoff im Flug. Lässt ein Flugzeug während des Flugs Kerosin ab, wird das als Dumping oder Fuel Dumping bezeichnet. Anders als immer wieder zu hören ist, kommt das aber nur sehr selten vor. Die Piloten lassen Kraftstoff ab, wenn eine Maschine notlanden muss, aber aufgrund der gefüllten Tanks noch schwerer ist, als sie bei der Landung sein darf.
Durchchecken	Wenn ein Passagier sich auf dem Weg zu seinem Reiseziel bei einem Umsteigestopp nicht mit seinem Gepäck herumplagen will, kann er dieses schon beim Beginn des Flugs bis zur Enddestination durchchecken lassen. Das Gepäck wird dann automatisch beim Zwischenstopp weiterbefördert. Heute allgemein üblich.
Durchstarten	Wenn eine Maschine eine Landung aus irgendwelchen Gründen (zum Beispiel Fahrzeuge oder ein anderes Flugzeug auf der Bahn) nicht wie vorgesehen durchführen kann, wird der Landevorgang abgebrochen und durchgestartet. Das kann noch in der Luft geschehen oder auch bereits, wenn die Maschine aufgesetzt hat.
Emergency Exit	Notausstieg
Fahrenheit	Messeinheit zur Bestimmung von Temperaturen, die vor allem in angelsächsischen Ländern gebräuchlich ist. 32°F = 0°C.
Fan	Das große Gebläserad, das sich vorn in einem Düsentriebwerk dreht.
Flaps	Bei den Flaps handelt es sich um ausfahrbare Klappen an der Rückseite der Tragflächen. Sie erhöhen den Auftrieb bei Start und Landung.
Flight Director (FD)	Eine optische Anzeige im Cockpit, die den Piloten als Hilfsmittel dient, um einen gewünschten Kurs zu halten. Das Instrument besteht in der Regel aus zwei Balken, einem senkrechten und einem waagerechten und »führt« die Besatzung entlang des Flugwegs, wenn sie die Maschine von Hand steuern.

Flugfläche	Eine festgelegte Flughöhe wird als Flugfläche bezeichnet. Eine Maschine in einer Höhe von 36.000 Fuß beispielsweise fliegt auf Flugfläche 36.
Fly-by-Wire	Bezeichnung für ein Prinzip, bei dem die Steuerbefehle für ein Flugzeug als elektrische Impulse über Drahtleitungen an die Hydraulikmotoren übermittelt werden. In der zivilen Luftfahrt wird dieses System heute vor allem mit Airbus in Verbindung gebracht, weil Airbus der erste Hersteller war, der Fly-By-Wire-Steuerungen in großem Stil in seinen Maschinen zum Einsatz brachte. Heute setzt auch Boeing dieses System – zum Beispiel in der Boeing 777 – ein.
FMS	*Flight Management System* – Flugführungssystem.
FOQA	*Flight Operations Quality Assurance* – bezeichnet ein Verfahren zur Steigerung der Sicherheit im Luftverkehr von Seiten der Airlines. Dabei werden wesentliche Flugparameter auf einem Datenspeicher im Flugzeug gespeichert oder per Satellit in die Unternehmenszentrale übermittelt. Stellen die mit der Auswertung befassten Mitarbeiter dort fest, dass es über einen längeren Zeitraum immer wieder zu Abweichungen vom Idealzustand kommt, deutet das auf ein mögliches Sicherheitsproblem an Flugzeug, Crew, Bodeneinrichtungen oder auch Flugverfahren hin. Es können Gegenmaßnahmen ergriffen werden, bevor etwas passiert.
Fuß	Übliche Maßeinheit im Luftverkehr, beispielsweise bei der Angabe der Flughöhe. 1 Fuß = 30,48 cm.
g	Maßeinheit für die Erdbeschleunigung.
Galley	Als Galley wird die Küche in einem Flugzeug bezeichnet.
Gallone	Eine Gallone entspricht 3,785 Liter.
Gate	Als Gate wird der Flugsteig in einem Terminal bezeichnet. Hier ist der Warteraum für die Passagiere, die nach dem Check-in auf den Einstieg ins Flugzeug warten.
Gleitpfad	Der in Höhe und Richtung genau definierte Flugweg, über den das Flugzeug den optimalen Aufsetzpunkt auf der Landebahn erreicht.
Go-around	Durchstartmanöver
GPS	*Global Positioning System* – satellitengestütztes Navigationssystem.
GPWS	*Ground Proximity Warning System* – Bodenannäherungswarnsystem. In der neuesten Ausführung wird es mit dem Zusatz »Enhanced« versehen (EGPWS).

Handling Agent	Eine Firma, die im Auftrag einer Fluggesellschaft deren Abfertigung am Boden übernimmt. Die Passagiere geben dann zum Beispiel ihr Gepäck bei diesem Handling Agent auf.
Heavy	Im Funkverkehr benutzte Zusatzbezeichnung für große Flugzeugmuster wie zum Beispiel die Boeing 747. So wird ein Jumbo von British Airways dann statt als »Speedbird 293« als »Speedbird 293 Heavy« über Funk angerufen.
Höhenruder	Das Höhenruder befindet sich am hinteren Leitwerk eines Maschine und dient vereinfacht gesagt dazu, das Flugzeug steigen oder sinken zu lassen.
Holding	Warteschleifen vor der Landung.
ILS	*Instrument Landing System* – Bodengestütztes Instrumenten-Landessystem.
IATA	*International Air Transport Association* – Eine internationale Luftverkehrsorganisation, zu der sich weltweit die Fluggesellschaften zusammengeschlossen haben.
IATA-Code	Der IATA- oder Zweilettercode wurde zur raschen Identifikation von Fluggesellschaften entwickelt. Die Verteilung der Kennzeichen oblag unter anderem der IATA. Dieses Kennzeichnungssystem bietet jedoch nur 676 Kombinationen. Da mit der Zeit aber ein größerer Bedarf entstand, wurde der Dreilettercode entwickelt.
ICAO	*International Civil Aviation Organization* – Die Vertretung der Regierungen aller am Luftverkehr teilnehmenden Staaten. Eine Unterorganisation der UNO.
IFR	*Instrument Flight Rules* – Instrumentenflugregeln.
INS/IRS	*Inertial Navigation System/Inertial Reference System* – Trägheitsnavigationssystem. Ein Navigationssystem, das unabhängig von äußeren Eingaben oder Bezugspunkten funktioniert.
Jetlag	Körperliche Auswirkungen der Zeitverschiebung, wenn mehrere Zeitzonen überflogen werden.
Jetstream	Gleichmäßige, sehr starke und beständige Windströmung, die in großer Höhe vorkommt.
Jump Seat	Ein ausklappbarer Sitz, meist im Servicebereich von Flugzeugen. Auf diesen Sitzen nimmt das Kabinenpersonal während Start- und Landung Platz.
Kerosin	Treibstoff für Strahl- und Propellerturbinentriebwerke.

Knoten	Übliche Maßeinheit für Geschwindigkeiten im Luftverkehr. Ein Knoten entspricht einer Seemeile und damit 1,852 km.
LBA	Luftfahrtbundesamt, deutsche Luftaufsichtsbehörde mit Sitz in Braunschweig.
LNAV	Ein Modus am Autopiloten. Er navigiert das Flugzeug horizontal.
Lounge	Ein Aufenthaltsbereich der Fluggesellschaften im Terminal, der meist nur für Passagiere der First oder Business Class vorgesehen ist.
Luftstraße	Eine Luftstraße ist eine festgelegte Strecke im Luftraum, die sich in den meisten Fällen an Navigationsfunkfeuern (VOR) orientiert.
Maintenance	Technische Wartung eines Flugzeugs.
Narrow-Body	Bezeichnung für ein Flugzeug mit so genanntem Standardrumpf. In der Passagierkabine ist ein Mittelgang vorhanden, an beiden Seiten zwei bis drei Sitzreihen. Ein typischer Narrow-Body ist zum Beispiel der Airbus A320.
Navigation Display (ND)	Im Cockpit moderner Verkehrsflugzeuge gibt es mehrere Bildschirme. Einer davon ist das Navigation Display. Es befindet sich in unmittelbarer Nachbarschaft zum Primary Flight Display. Das ND bildet Navigationsinformationen in verschiedenen Darstellungsformen ab. Zu sehen ist zum Beispiel der jeweils aktuelle Ausschnitt der abzufliegenden Flugstrecke als Abfolge von aufeinander folgenden Wegepunkten (Waypoints).
NDB	*Non directional Beacon* – Ungerichtetes Funkfeuer. Es dient der Navigation.
No Show	Bezeichnung für einen Passagier, der nicht zum Flug erscheint oder zu spät am Flughafen eintrifft.
NTSB	*National Transportation Safety Board* – US-amerikanische Behörde, deren Aufgabe unter anderem die Untersuchung von Flugzeugunglücken ist.
Outer Marker	Eine Orientierungsmarkierung, die beim Landeanflug in Aktion tritt. Überfliegt die Maschine den Outer Marker, bekommen die Piloten eine akustische und optische Meldung. Damit weiß die Crew, dass die Endphase des Anflugs begonnen hat. Wenig später hören die Piloten den Middle Marker, zuweilen folgt noch ein Inner Marker. Die akustischen Signale sind unterschiedlich.
Overbooking	Überbuchung
Pax	Bezeichnung für Passagier, Mehrzahl: Paxe

Pilot Flying	Ein feststehender Begriff der Arbeitsteilung in modernen Verkehrsflugzeugen. Durch diese Arbeitsteilung werden heute Flüge sehr viel sicherer und effektiver durchgeführt, als es ohne dieses Teamwork der Fall wäre. Wesentlicher Bestandteil ist die Einteilung der Besatzungsmitglieder in einen Pilot Flying und einen Pilot Not Flying. Während sich der Pilot Flying um die eigentlichen fliegerischen Aufgaben auf einem Flugabschnitt kümmert, ist der Pilot Flying für den Funkverkehr zuständig. Die Rollen werden meist nach Absprache der Piloten entsprechend der abzufliegenden Teilstrecken auf einem Umlauf festgelegt. Die Funktionen werden unabhängig davon wahrgenommen, wer Kapitän und wer Kopilot ist. Auch der Kapitän ist also regelmäßig Pilot Not Flying.
Pilot Not Flying	Siehe Pilot Flying.
PIR	*Property Irregularity Report* – Ein Formular, dass dann ausgefüllt werden muss, wenn ein Passagier Gepäck vermisst oder wenn dieses beschadigt wurde.
Primary Flight Display (PFD)	Ein Bildschirm im Cockpit moderner Verkehrsflugzeuge. Es befindet sich jeweils vor dem Kapitän und vor dem Kopiloten. Er ist direkt neben dem Navigation Display angeordnet und zeigt zentral den künstlichen Horizont an. Die Darstellung wird kombiniert mit der Anzeigen von Geschwindigkeits-, Höhen- und Kursdaten.
Purser/Purserette	Chef/Chefin der Kabinenbesatzung.
Querruder	Die Querruder befinden sich an der Hinterkante der Tragflächen. Sie dienen der Steuerung des Flugzeugs um die Längsachse und sorgen dafür, dass zur Einleitung einer Kurve eine Tragfläche angehoben und die andere abgesenkt wird. Dabei gibt es meist Querruder für den Langsamflug (außen an den Tragflächen) sowie Hochgeschwindigkeitsquerruder. Diese befinden sich näher am Rumpf und werden im Reiseflug eingesetzt.
Runway	Start- und Landebahn.
Schubumkehr	Durch die Schubumkehr wird an den Triebwerken ein Teil des erzeugten Schubs nach vorne umgeleitet. Der dadurch erzielte Bremseffekt ist bei der Landung wichtig.
Seitenruder	Beim Seitenruder handelt es sich um ein Steuerelement am hinteren Seitenleitwerk des Flugzeugs. Es dient der unterstützenden Steuerung des Flugzeugs um die Hochachse – hauptsächlich im Langsamflug und beim Starten und Landen.

Slot	Der Slot ist eine festgelegte und einer Fluggesellschaft zugeteilte Zeit, in der ein Start oder eine Landung auf einem Flughafen stattfinden können.
Slats	Bezeichnung für die Vorflügel, die an der Vorderseite der Tragflächen zur Auftriebserhöhung während des Starts und der Landung ausgefahren werden können.
Special Meal	Fluggäste haben häufig für einen Flug die Möglichkeit, bei einer Airline ein spezielles Essen vorzubestellen. Special Meals werden häufig wegen Diätbestimmungen oder aus religiösen Gründen geordert.
Spoiler	Die Luftbremsen an der Oberfläche der Tragfläche. Sie können im Bedarfsfall aufgestellt werden und werden auch als Speedbrakes oder Störklappen bezeichnet.
Stall	Ein Stall ist ein überzogener Flugzustand. Er tritt ein, wenn die Geschwindigkeit der Maschine zu langsam und die Nase zu sehr gehoben wird, so dass die Luftströmung über den Tragflächen abreißt. Dabei bricht der Auftrieb zusammen und die Maschine sackt durch.
Steward/Stewardess	Flugbegleiter/Flugbegleiterin
Stick Shaker	Ein Sicherheitssystem, bei dem die Steuersäulen vor den Piloten vibrieren und schütteln, wenn das Flugzeug in einen Stall gerät. In früheren Zeiten der Fliegerei zeigten die Steuersäulen eines Verkehrsflugzeugs tatsächlich dieses Verhalten, wenn das Flugzeug in einen überzogenen Flugzustand geriet. Dies ist heute in einem modernen Verkehrsflugzeug so nicht mehr zu spüren. Für die Piloten ist dieses ganz unmittelbare Feedback in kritischen Situationen aber eine wichtige Information über den Flugzustand der Maschine. Das Rütteln wird heute über den Stick Shaker künstlich erzeugt.
Steward/Stewardess	Flugbegleiter/Flugbegleiterin
Stopover	Bei einem Stopover unterbricht der Reisende seinen Flug an einem Ort für mindestens 24 Stunden.
Take off	Start eines Flugzeugs.
Taxiway	Rollweg auf einem Flughafen.
Terminal	Abfertigungsgebäude eines Flughafens.

TCAS	*Traffic Alert and Collision Avoidance System* – Kollisionswarnsystem. Dabei kommunizieren die Computer verschiedener Flugzeuge automatisch miteinander über Funk. Im Fall einer möglichen Kollision zwischen Maschinen warnt TCAS die Piloten optisch und akustisch.
Touch down	Aufsetzen des Flugzeugs bei der Landung.
Tower	Kontrollturm
Transponder	Ein kleiner Sender, der auf Abfrage Informationen über Flughöhe und die Kennummer eines Flugzeugs sendet. Dieses System ist Standard im Flugverkehr. Es bildet auch die Basis für die Arbeit der Flugverkehrskontrolle. Wenn die Fluglotsen auf ihre Kontrollschirme blicken, sehen sie dort in der Regel die Signale der Flugzeugtransponder. Das einfache, »primäre«, Radarbild kann von den Lotsen auch eingesehen werden, ist optisch aber weitaus weniger aussagekräftig.
Trolly	Gepäckwagen
Turboprop	Bezeichnung für ein Flugzeug, das von Propellerturbinen angetrieben wird. Als Antrieb für den Propeller wird hier kein Kolbenmotor verwendet, sondern eine Turbine, ähnlich wie bei einem Düsentriebwerk, nur kleiner. Bei diesem Antriebskonzept wird die Energie der Turbine über ein Getriebe an den Propeller weitergegeben und treibt diesen an. Turboprop-Flugzeuge zeichnen sich durch hohe Wirtschaftlichkeit aus.
UM	Abkürzung für *Unaccompanied Minor*. So wird ein Kind im Alter zwischen fünf und zwölf Jahren bezeichnet, das ohne Begleitung eines Erwachsenen fliegt.
Upgrading	Wenn ein Passagier in einer höheren Klasse fliegt als in der, für die er bezahlt hat, bezeichnet man das als Upgrading. Das erfolgt zum Beispiel häufig, wenn die Economyklasse sehr voll ist und in der Businessklasse gleichzeitig sehr viele Plätze frei sind.
V1	V1 bezeichnet eine Geschwindigkeit, die vor dem Abflug von den Piloten ausgerechnet wird und beim Start der Maschine große Bedeutung hat. Bei dieser Geschwindigkeit muss das Flugzeug in jedem Fall starten, selbst wenn es beim Beschleunigen zum Beispiel zu einem Triebwerksschaden kommen würde. Der Grund ergibt sich aus der verbleibenden Länge der Startbahn – ab V1 wäre es nicht mehr möglich, die Maschine vor dem Erreichen des Bahnendes sicher zum Stehen zu bringen.

V2	V2 bezeichnet die Geschwindigkeit, bei der eine Maschine sicher weiter steigen kann, falls ein Triebwerk ausgefallen ist
VR	Die Abhebegeschwindigkeit beim Start. Sie wird – wie schon zuvor V1 und V2 – vom Pilot Not Flying während des Startvorgangs angesagt. Bei Erreichen von VR hebt die Maschine ab.
VFR	*Visual Flight Rules* – Sichtflugregeln
VNAV	Ein Modus am Autopiloten, der das Flugzeug vertikal führen kann.
VOR	*Very High Frequency Omnidirectional Radio Range:* UKW-Drehfunkfeuer, das am Boden installiert ist. Es dient der Navigation im Luftverkehr.
Vorfeld	Als Vorfeld wird der Bereich vor dem Terminal auf dem Flughafengelände bezeichnet. Hier befinden sich die Parkpositionen der Flugzeuge.
Wide-Body	Gängiger Begriff für ein Flugzeug mit großem Rumpfdurchmesser. Der Airbus A340 oder die Boeing 747 sind zum Beispiel Wide-Bodies. Im Passagierraum gibt es zwei Gänge zwischen den Sitzreihen.
Windshear	Starke Fallwinde, die im Zusammenhang mit Stürmen vorkommen können, bei denen kräftige Regenfälle auftreten. Dabei ist es möglich, dass der Regen kalte Luftmassen zu Boden reißt.

Der Autor:

Frank Littek, Jahrgang 1962, ist Wirtschaftswissenschaftler und arbeitet seit vielen Jahren als Journalist und Buchautor. Von ihm sind zahlreiche Sachbüchern zum Thema Luftverkehr erschienen.

Dank:

Der besondere Dank des Autors gilt Michael Lamberty von der Pressestelle der Deutschen Lufthansa sowie Kapitän Nils Ecke und Kopilot Sebastian Karst, die beide bei der Lufthansa fliegen.

E-Mail: Kontakt@franklittek.de

Die ganze Welt der Luft- und Raumfahrt

FLUG REVUE präsentiert die spannendsten Geschichten aus der faszinierenden Welt der Luft- und Raumfahrt.